KB234646

새로운 중국에서

20세기 초 독일인 여행자가 본 중국

중국관행총서·중국관행자료총서 편찬위원회

위 원 장: 전인갑
부위원장: 안치영
위　　원: 장정아, 김지환, 박경석, 이동영(간사)

이 도서는 2009년도 정부(교육과학기술부)의 재원으로
한국연구재단의 지원을 받아 출판되었음(NRF-2009-362-A00002).

중국관행총서 03

새로운 중국에서

20세기 초 독일인 여행자가 본 중국

율리우스 디트마 저
목승숙 역
박경석 역주

한국학술정보㈜

『중국관행총서』 발간에 즈음하여

　　우리가 수행하는 어젠다는 근현대 중국의 사회, 경제 관행에 대한 조사와 연구를 매개로 한국의 중국연구와 연구기반을 재구성하는 것이다. 이러한 작업은 무엇보다 인문학적 중국연구와 사회과학적 중국연구의 학제 간 소통과 통합을 모색하는 과정에서 구체화될 수 있을 것이다. 또한 근현대 중국의 사회경제관행 조사 및 연구는 중국의 과거와 현재를 會通할 수 있는 實事求是的 硏究이다. 추상적 담론이 아니라 중층적 역사과정을 거쳐 형성되고 검증된, 그리고 중국인의 일상생활을 지속적이고 안정적으로 제어하는 無形의 사회운영시스템인 관행을 통해 중국사회의 통시적 변화와 지속을 조망한다는 점에서 우리의 아젠다는 중국연구의 새로운 지평을 열 수 있는 최적의 소재라 할 수 있을 것이다. 또한 관행은 중국인의 일상생활을 지속적이고 안정적으로 제어하는 무형의 사회운영시스템이므로 중국 사회의 통시적 변화와 지속을 조망하고자 한다면 관행에 주목해야 한다.

　　우리 연구의 또 다른 지향은 중국 사회의 내적 질서를 규명하는 것이다. 중국의 장기 안정성과 역동성을 유기적으로 파악함으로써 한층 더 깊이 있게 중국을 이해하고자 하는 것이다. 이러한 문제의식에서 우리는 중국 사회의 다원성과 장기 안정성의 기반이라 할 수 있는 다양한 민간 공동체, 그리고 그 공동체의 광범위하고 직접적인 운영원리로서 작동했던 관행에 주목한다. 나아가 공동체의 규범원리인 관행을 매개로 개인과 공동체 그리고 국가가 유기적으로 결합됨으로써 중국 사회의 장기 안정성이 확보될 수 있었다는 점을 규명하고자 한다.

이러한 문제의식의 연구는 궁극적으로 제국 운영의 경험과 역사적으로 축적한 사회, 경제, 문화적 자원을 활용하여 만들어 가고 있는 중국식 발전 모델의 실체와 그 가능성을 해명하는 데 기여할 것이다.

『중국관행총서』는 '인천대학교 HK중국관행연구사업단'이 수행한 연구의 성과물이다. 이 총서에는 우리 사업단의 연구 성과뿐 아니라 어젠다와 관련된 해외의 주요 저작의 번역물도 포함된다. 앞으로 어젠다와 관련된 연구 및 번역 총서가 지속적으로 발간될 것이다. 그 성과가 차곡차곡 쌓여 한국의 중국연구가 한 단계 도약하는 데 일조할 수 있기를 충심으로 기원한다.

2012년 3월
인천대학교 인문학연구소 HK중국관행연구사업단
소장 전인갑

❶ 본 역서는 아래 책의 전문(全文)을 번역한 것이다.
Julius Dittmar, *Im neuen China*, Köln: Hermann Schaffstein, 1912.

❷ 본문의 주석은 역주이다. 저자의 주석 2건은 *)와 **)로 표시하여 미주로
처리하였다.

❸ 저자가 언급한 지명이나 인명 등의 고유명사는 원문에 기록된 독일어 발
음 그대로 본문에 옮겼고, 그 정확한 중국식 음가나 현재의 지명 등은 역
주에서 밝혔다. 예컨대, 성(姓)에 해당하는 '퉁(Tong)'의 경우 중국식 음가
로 표기하면 분명 '퉁'일 터이지만 독일어 발음을 살려 '퉁'으로 표기한 것
이다. 단, 베이징, 상하이, 톈진과 같이 영문 표기와 통용되는 지명 표기는
특별히 독일식 발음으로 표기하지 않았다.

❹ 역주에서의 고유명사 한자음 표기와 관련해서는 관례에 따라, 온전히 전
통시기에 해당되는 인명, 황제 연호, 국호, 건물 등은 우리식 한자음으로
표기하고 나머지 근대 이후와 관련된 것은 중국식 음가로 표기함을 원칙
으로 하였다. 예컨대 李自成, 後金, 崇禎帝, 孔廟 등은 우리식 한자음인 이자
성, 후금, 숭정제, 공묘라고 표기하고 괄호에 한자를 표기한 것이다.

역자 서문

　이 책과의 만남은 순전히 독문학 전공자인 역자가 애호하는 작가 카프카 덕분이었다. 독일의 중고서점을 통해 귀하게 얻은 원본은 첫눈에도 100년이라는 세월의 흔적을 느끼기에 충분하리만치 누르스름하게 변해 있었다. 다행히도 글과 사진이 손상되지 않아서 얼마나 감사했는지 모른다. 한 장 한 장 책장을 넘기다가 이내 독일인의 시각에서 바라본 한 세기 전 중국의 모습에 푹 빠져들었다. 글 자체도 감칠맛이 있었지만 유럽인이 쓴 까닭에, 그간 같은 문화권 안에서 익히 들어 왔던 중국의 풍습들조차 새삼 다른 모습으로 다가왔다. 일반 독자가 읽기에도 상당히 재미있는 내용이라는 확신이 들었다. 20세기 초 중국의 문화와 관행을 엿보기에 이보다 더 좋은 책이 있을까 싶었다. 한편 중국 전공자에게는 한 세기 전 중국에 대한 서양인의 시선을 확인할 수 있는 자료로, 카프카 애호가들에게는 카프카 작품 이해에 도움이 될 만한 참고 서적으로 의미를 가질 수도 있지 않을까 하는 기대감이 내심 생긴 것도 사실이다. 이러한 마음에서 번역을 시작하게 되었다.

　본 역서는 독일인 율리우스 디트마(Julius Dittmar)의 중국여행기『새로운 중국에서(*Im neuen China*)』(1912)를 번역한 것이다. 일반적으로 카프카가 자신의 작품『만리장성의 축조 때(*Beim Bau der chinesischen Mauer*)』를 집필할 당시 이 책을 참조하였다고 추정되고 있지만, 정작 저자에 대해서는 알려진 바가 없다. 이 글은 저자가 1910년 늦가을, 세계일주를 하던 도중 일본과 한국을 들른 이후에 만주를 거쳐 중국 각지를 여행한 체험을 적은 기록으로, 1912년 독일 쾰른의 헤르만 샤프슈타인(Hermann Schaffstein) 출판사에서 녹색문고 시리즈로 발간되었다. 당시 샤프슈타인 녹색문고는 연대기, 전쟁일기, 여행기, 유명한 발견자의 보고 등과 같은 역사서 및 지리서가 주를 이루었다. 여행 당시 저자와 함께한 일행들로는, 러시아 스파이 v. Z.(v. Z.) 씨, 아시아 여행 안내서를 쓰는 미국 시카고 출신의 루이스(Lewis) 씨, 영국 런던 출신의 중국 전문가 무어(Moore) 여사, 독일 슈투트가르트 출신의 팔케(Falke) 양이 있었다. 저자의 여정은 만주와 선양(瀋陽)을 거쳐 톈진(天津)과 베이징, 자오저우만(膠州灣), 상하이, 홍콩, 그리고 광저우(廣州)까지 이어진다.

저자가 중국을 여행한 1910년은 신해혁명이 일어나기 전 청나라 말기의 혼란스러운 상황이었고, 책이 출판된 1912년은 신해혁명으로 인해 청 왕조가 무너지고 중화민국이 수립된 이후였다. 1912년 발간된 원서의 제목이 『새로운 중국에서』로 붙여진 것도 이러한 배경에서일 것으로 짐작된다. 저자가 서문에서 밝히고 있듯이, 이 책에는 다수의 사진과 함께 그가 방문한 도시, 진기한 볼거리, 그리고 청말(清末)의 시대특징적인 모습들이 묘사되어 있다. 오류와 유럽중심주의적인 의식의 투영이라는 문제가 내재되어 있음에도 불구하고, 이 책에는 중국 외적인 시각에서 본 청나라 말기의 관행과 문화가 고스란히 담겨 있다. 이 점에서 이 번역서는 이방인의 시각에서 본 20세기 초 중국의 관행과 문화 기록물의 성격을 다분히 내포하고 있다고 해도 무방할 것이다.

그 가운데 가장 대표적인 부분이 중국의 성벽 건설 관행이다. 줄리아 로벨(Julia Lovell)은 자신의 저서 『장성, 중국사를 말하다: 문명과 야만으로 본 중국사 3천 년(*The Great Wall: China against the world, 1000 BC-AD 2000*)』 1장에서 스웨덴의 예술사가 오스발트 지렌(Osvald Sirèn)이 1930년대에 "성벽, 성벽, 또 다른 성벽들이 모든 중국 도시의 윤곽을 그리고 있다"라고 한 점에 주목하며,[1] 조셉 니덤(Joseph Needham)의 『중국의 과학과 문명(*Science and Civilisation in China*)』의 일부를 인용한다.

성벽은 도시를 둘러싸고, 도시를 조각조각 여러 구역으로 나누며, 다른 어떤 건축물보다도 확연하게 중국 공동체의 기본적 특징을 드러내 준다. …… 성벽이 없는 도시란 없다. 마치 지붕 없는 주택처럼, 그런 것은 생각도 할 수 없는 모양이다. …… 중국 북부에는 얼마나 오래된 마을이든, 얼마만 한 마을이든 반드시 성벽이 있다. 하다못해 흙으로 쌓은 성벽이나 허물어진 성벽의 흔적이라도 있게 마련이다.[2]

성벽 건설이 오랜 역사를 거치며 끊임없이 해 오던 중국인들의 관습적인 행동임은, 로벨이 장성을 통해 중국의 역사를 읽어 내려 한 점에서 이미 명백히 드러난다. 굳이 역사서가 아니어도, 성벽 쌓기가 중국에서 일종의 관행이었음은 이 책에서도 분명하게 확인된다. 여행객의 일원이었던 러시아 스파이 v. Z. 씨의 말을 들어 보면,

"[……] 우리는 그들이 어떻게 장벽으로 자신들의 나라 전체를 외부 세계와 차단시켰는지 이미 보았습니다. 그 외에도 중국의 모든 도시는 성벽으로 에워싸여져 있습니다. 저희 유럽에서는 요새들만 성

---

1) 줄리아 로벨 지음/ 김병화 옮김, 『장성, 중국사를 말하다: 문명과 야만으로 본 중국사 3천 년』, 웅진 지식 하우스, 2007, 43쪽.

2) Joseph Needham, *Science and Civilisation in China*, Ⅳ. 3, Cambridge: Cambridge University Press, 1975, pp. 42~3. 줄리아 로벨, 앞의 책 43쪽에서 재인용.

벽에 둘러싸여 있지요. 하지만 이것이 다가 아닙니다. 중국에서는 집들조차 마치 성처럼 담이 처져 있고, 중국인이 부유해졌을 때 가장 황급히 서둘러서 하는 일은 첫 번째 담 주위로 두 번째 담을 하나 더 만드는 것이지요. [……]"

또 중국인들에게 호의를 갖고 있던 영국 런던 출신의 여행객 무어 여사는 만리장성 외에 북경에서 본 세 겹의 성벽에 감탄을 금치 못한다.

"[……] 만리장성이 어떤 건축학적인 예술작품인지, 당신도 이미 직접 보셨지요. 여기 이 베이징 지도를 한번 보세요. 이 지도를 보는 것은 바로 수학적 향유나 다름없지요. 먼저 당신은 1644년 만주족 정복자들이 중국을 정복했을 때 이주한, 거의 정사각형에 가까운 타타르족 도시를 발견하게 됩니다. 이 도시의 중앙에는 궁정의 관료들과 신하들이 살고 있는 두 번째의, 또다시 거의 정사각형에 가까운 황제의 도시가 있습니다. 그리고 이 도시의 한가운데에는 아름다운 세 번째 성벽 테두리 뒤로 마침내 천자와 그의 가족들이 사는 정사각형의 자금성이 있습니다. 이 정사각형 뒤편에는 소위 석탄언덕이라고 불리는 베이징에 있는 유일한 언덕이 있는데, 황제가 그 언덕에 오르게 되면 그는 정확히 자신의 거대한 수도의 정중앙에 서있는 셈이지요. [……]"

작품 도처에서 확인되는 중국인들의 담과 벽의 건설을 중시하는 태도는 의식적, 무의식적으로 행하는 그들의 관습적인 행동과 관련이 있다고 보아도 무방할 것이다. 단적인 예로 만리장성은 외세의 침략에 대한 방어 기능 외에도 성벽 건설 과정에서 연대감이라는 정신적인 의미를 부여했다. 그리고 이렇게 얻어진 연대감이 중국 공동체가 장기적인 안정을 유지하도록 만드는 기능을 한다는 점을 고려해 볼 때, 성벽 건설 관행은 중국 내 제국 질서의 시스템을 구성하는 주요

요소로 작동한다고 볼 수 있겠다. 역사적으로도 만리장성의 건설이 동일한 기능을 발휘했음을 여기서 굳이 언급할 필요는 없을 것이다.

본 역서는 인천대학교 인문한국(HK) 중국관행연구사업단이 낸 연구 성과의 일환이다. 재미있지만 선뜻 번역할 용기를 내지 못하던 역자에게 의미 있는 작업이 될 것이라며 번역을 독려해 주신 인천대학교 중국관행연구사업단의 모든 선생님들께 먼저 감사드린다. 특히나 중국어 지명과 중국사 관련 질문에 답변과 조언을 아끼지 않으시고, 중국 관련 자료를 뒤져 가며 꼼꼼히 역주를 달아 주신 박경석 교수님께 감사를 드린다. 독일 문학을 공부한 역자가 중국사 연구자와 함께 '독일인이 쓴 중국 여행기'를 번역하고 비교적 상세히 역주를 붙일 수 있게 된 것은 인문한국(HK) 프로젝트를 통해 다양한 학문 분야의 연구자들과 공동으로 연구를 진행할 수 있었기 때문에 가능했던 일이었다. 학제 간 공동 작업이라는 인문한국(HK) 사업의 장점이 하나의 결실을 맺었다는 점에서 의미가 있다고 여겨진다.

번역 과정에서 독일식 지명과 인명 등의 경우, 100년 전 독일어 원서의 느낌과 시대적 묘미를 고스란히 전달하기 위해서 가급적 원서에 충실하게 독일식 발음을 그대로 살려 번역하되 한국식 혹은 중국식 표기를 역주에 따로 밝히기로 했다. 수차례의 검토 과정에도 불구하고, 번역상의 오류가 있다면 역자의 부족함으로 여기고 많은 질책과 조언을 해 주시기를 부탁드린다. 이 자리를 빌려 출판에 관여하신 모든 분들께 진심으로 감사드린다.

2012년 봄
역자 목승숙

저자 서문

    다음은 혁명이 일어나기 대략 6개월 전인 1910년 늦가을[1])에 저자가 여행했던 중국 기행을 담고 있다. 내용이 보여 주듯, 저자는 황실과 관료들의 부실 경영이 참을 수 없는 지경에 와 있어서 중국이 대변혁의 가장자리에 와 있다는 인식을 도처에서 하게 되었다. 다음에 전개될 글의 주목적은, 일종의 중국학 개요로 받아들여지기 위함이 아니라, 방문한 도시들과 그 도시들의 진기한 볼거리들과 현대 중국을 특징짓는 일반적인 현상들을 묘사하기 위함이었다. 저자는 『세계일주』(베를린, 알프레트 샬 출판사)에 기록된 세계여행을 하던 도중에 이 진기한 나라를 방문했었다. 다음 글의 일부 장들은 그 책에서 가져왔다.

저자

---

1) 당시에 '혁명'이라고 하면 신해혁명으로 이해하는 것이 가장 적합할 터인데, 신해혁명은 대개 1911년 10월의 '우창봉기(武昌蜂起)'를 지칭하므로 6개월 전이라면 '1910년 늦가을'이 아니라 '1911년 봄'이어야 맞다. '1910년 늦가을'을 1910년 11월로 잡는다면 그 6개월 후는 1911년 5월에 해당되니 몇 개월의 차이가 있다. 그런데 1911년 5~6월은 신해혁명의 도화선이었던 이른바 '보로운동(保路運動)'이 후난(湖南), 후베이(湖北), 쓰촨(四川), 광둥(廣東) 등에서 활발하게 일어나기 시작한 때였다. 이를 본문의 '혁명'으로 이해한다면 '혁명이 일어나기 6개월 전인 1910년 늦가을'이 그나마 납득된다. 하지만 필자가 신해혁명의 연월을 잘못 인식한 것인지, '6개월 전'을 잘못 생각한 것인지는 지금으로서는 알 수 없다.

참고문헌

J. 디트마: 세계일주

본 에드, M. 크리거: 베이징과 그 주변

B. 나바라: 중국과 중국인

F. 하이글: 중국의 종교와 문화

M. 샨츠: 동양행 기차

G. 라우터러: 중국

:: CONTENTS

제1장 만주에서

제2장 화북에서

제1장

만주에서

1. 압록강을 건너며

칠흑같이 어두운 1910년 가을밤이었다. 키가 작은 일본인 차장이 우리가 타고 있던 칸막이 객실을 향해 싱이슈(Schingischu)[1]라고 외쳤다. 그 말은 우리가 괴로운 한국 횡단을 마치고 **만주** 국경에 도착했다는 사실을 알려 주는 구원의 한 마디였다. 여행 중에 일본식 대우를 받는 데 익숙해져 버린 우리 유럽인들은, 확신을 갖고 싱이슈에서 우리에게 무슨 일이 시작될지를 기다리고 있었다. 몇 분 후에 역장이 나타났다. 다른 모든 일본 공무원들처럼 자그마한 체구에 간편하고 실용적인 제복을 입고 있는, 단호하면서도 공손한 태도를 보이는 남자였다. 그가 서툰 영어로 "자, 따라 오십시오. 여러분의 짐은 짐꾼이

---

1) 신의주(新義州)를 의미한다. 발음이 유사할 뿐만 아니라, 여행기의 저자가 여행을 시작한 1910년 늦가을 당시, 한국에서 중국으로 국경을 넘는 방법은 신의주에서 안둥(安東, 지금의 丹東)으로 넘어 가는 루트뿐이었다(張援, 『民國八年日鮮旅行記』, 共和書局, 1919, 40~41쪽 참조).

챙길 것입니다."라고 말하며 천천히 어둠 속으로 들어갔다. 싱이슈에서 유일한 볼거리였던 역 풍경에 눈길 한 번 더 줄 겨를도 없이 우리는 그 뒤를 따라 터벅터벅 걸었다. 러시아 첩자 v. Z. 씨만이 마지막으로 가면서 슬쩍 뒤돌아보았다. 하지만 그 순간 바로 뒤에 따라오던 한국인 짐꾼이 고약스레 뒤축을 밟는 바람에 그는 비명을 지르며 앞으로 껑충 뛰어올라 멋들어지게 대열에 맞춰 섰다. 우리는 일렬종대로 풀밭과 들판을 통과했다. 맨 앞에는 등을 들고 있는 일본인 역장, 그 뒤에는 아시아 여행 안내서를 쓰려는 시카고 출신의 루이스 씨, 그다음은 함께 세계일주 중인 런던 출신의 무어 여사와 슈투트가르트 출신의 팔케 양, 그리고 마침내 나와 v. Z. 씨, 행렬의 마지막에는 우리의 소지품을 든 대략 열두 명의 짐꾼들이 있었다. 상당히 추운 밤이었다. 그 때문에 아마도 우리 모두는 도대체 왜 자신이 이 황량한 지역을 방문하러 여기까지 오게 되었는지 곰곰이 생각했을 것이다. 다른 세계일주자들이 닦아 놓은 길에 편하게 머무르다가 내 친구 빌렌스처럼 일본에서 곧장 국제항인 상하이(上海)로 건너가는 식이, 이곳 외진 북쪽 지역을 통과해서 중국으로 들어가는 것보다 더 영리한 여행이 아니었을까 하고 나는 자문해 보았다. 하지만 늘 나는 가능한 한 우회로보다는 직로를 선호한다. 만약 내가 청제국의 고향인 만주에서 수도인 베이징으로 가게 되면, 국제항에서 중국과 중국인에 대한 첫인상을 받는 것보다 더 충실한 중국 상을 얻게 될 것이라고 나는 스스로에게 말해 주었다.

앞쪽에서 등을 든 일본인 역장이 산비탈을 따라 내리막길을 내려갔고, 몇 분 후에 우리는 검은 물줄기 가장가리에 서 있었다. 강 건너편 불빛들로 미루어 짐작해 볼 때 강 건너편은 대략 1km 정도 떨어져 있는 듯했다. 그것은 한국과 만주 사이의 경계를 흐르는 **압록강**이었다. 한 무리의 일본 여행객들이 우리를 기다리고 있었고, 물 위에는 작은 증기선과 크고 널찍한 보트[2]가 흔들거리고 있었다. 짐꾼들은 곧장 보트에 우리 짐을 싣기 시작했다. 우리가 휴대용 가방을 내려놓는 순간 팔케 양이 자신의 손가방을 열차에 두고 온 것을 알아차렸다. 러시아인이 나지막하게 욕을 내뱉었고, 미국인은 초조해서 한쪽 발에서 다른 쪽 발로 무게 중심을 옮겼다. 하지만 일본인은 완벽하게 공손한 태도를 취했다. 그는 이미 두 명의 짐꾼들에게 명령을 내렸었고, 두 명의 단거리 선수들은 오 분도 채 지나지 않아 벌써 돌아와서 선량하게 히죽 웃으며 그들 손에 든 가방을 흔들어 보였다. 바로 이 부분에서 나는 팔케 양이 자신의 현금이 몽땅 들어 있는 가방의 내용물을 살펴보기 전까지는 결코 안심하지 못했었다는 사실을 말하고자 한다. 하지만 세어 봤을 때 일 센트 하나도 모자라지 않았다.

작은 증기선은 일본인들이 자국민용으로 만들었기 때문에 우리 유럽인들의 체형에는 너무 작았다. 증기 보일러가 상당한 공간을 차지하고 있는 선실 안에 우리가 모두 들어가 있기는 불가능한 탓에, 남자들은 선실의 양철지붕을 독점했다. 하지만 채 이 분도 지나지 않아 숙녀들이 아래쪽 선실에서 우리 쪽으로 기어 올라와 우리 옆에 자리를 잡았다. 그저 저 아래에서는 좁아서 몸을 움직일 수가 없었기 때문이었다. 우리가 강 중심부에 도착했을 때 증기선이 격렬히 요동치기 시작했고, 우리는 매끈한 양철에서 아래로 미끄러지지 않기 위해

---

2) 압록강 뗏목(竹筏)을 의미한다. 압록강대교가 건설되기 전에는 주로 범선과 뗏목(竹筏)을 이용하여 승객을 태우고 화물을 날랐다(旅順博物館編, 『滿鐵舊影 : 旅順博物館藏《滿鐵》老照片』, 中國人民大學出版社, 2007, 206쪽 참조).

만주의 산들

서로 꼭 붙들고 있어야 했다. 그래서 우리에게는 주위를 유심히 살펴볼 시간과 여유가 많지 않았다. 그럼에도 불구하고 나는 러시아인이 어둠 속을 이리저리 빤히 주시하는 것을 보았고, 그가 무엇을 찾고 있는지 금방 알아챘다. 배를 타고 얼마간 강을 따라 올라가자, 우리 앞 강물 속에 교각들이 몇 개 나타났다. 등불을 밝힌 그 교각들은 검은 강물 위에 가느다란 대열의 불빛을 만들고 있었다. 개발이 덜 된 국가들에서 다리는 늘 하나의 사건이다. 그리고 이 다리는 심지어 당당하고 내구성 있는 대사업이 될 것을 약속하고 있었다. 기차 안에서 다리에 관해 러시아인이 우리에게 들려준 얘기가 떠올랐다. 일본인들은 그 다리로 자신들이 소유한 한국과 그들이 소유하고 싶은 만주 사이를 빠르고 편하게 연결하려고 한다. 지난 러일 전쟁에서는 일본 군대들이 압록강을 넘기까지 수일이 걸렸다. 하지만 다음 번 전쟁 때는 이 다리 덕분에 수 시간이 걸리게 될 것이다.

하지만 강 저편에 또 다른 땅이 있었다! 일본에서부터 지금까지 내내 천막과 대나무 실내만 예상할 수 있었던 내게, 선착장의 가장자리를 장식하고 있는 유럽식 건물 몇 채가 눈에 띄었다. 물론 우리는 이미 동경의 위도보다 북으로 5도 더 위쪽인 이곳에, 즉 페스(Fez)[3]와 동일한 위도로부터 대략 마드리드의 위도에 도달해 있었다. 맨 앞 건물 위에 서투른 철자로 'Customs revision,' 독일어로 'Zollrevision'[4]이라고 적혀 있었다. 하지만 세관 직원은 한 명도 보이지 않았고, 그를 기다리는 사람도 없어 보였다. 그것은 우리가 일본 땅을 떠나왔다는 확실한 첫 번째 증거였다. 왜냐하면 황색 난쟁이들[5]은 친절한 만큼 국가와 관련된 일 또한 그만큼 정확하게 처리해서, 일본에서도 한국과 마찬가지로 내 짐을 철저하게 검사했었기 때문이었다. 하지만 그 밖의 다른 것들은 여전히 일본과 마찬가지였다. 우리는 또다시, 하지만 이번에는 민간인처럼 보이는 일본인 안내원을 배정받았고, 벌써부터 일렬로 늘어서서 우리를 기다리고 있던 일본식 손수레 혹은 이륜 인력거에 올라타서 다들 잠든 작은 지역을 통과해 한 일본 호텔로 갔다. 주인이 나와서 수없이 허리를 굽혀 절을 하면서 우리를 맞이했다. 그도 그럴 것이 그는 노다지가 웃고 있는 것을 보았기 때문이었다. 그의 호텔을 둘러보았을 때 우리의 기쁨은 반감되었다. 그곳에는 유럽식 침대가 딱 두 개 있었는데, 그것은 물론 여자들의 몫이었고 남자들은 일본식 잠자리, 즉 바닥 위에서 자는 것으로 만족해야만 했다.

---

3) 모로코에서 두 번째로 큰 도시이다.

4) '세관 검사'라는 뜻이다.

5) 여기서는 일본인을 지칭한다.

어찌나 이상하던지! 일본에서 여행하는 동안 나는 그곳에서 매일 저녁 온갖 편리한 문명의 이기들을 갖춰 놓은 유럽 호텔을 발견하곤 했었다. 그런데 일본 국경 너머에 위치한 이곳의 유일한 숙소가 일본 호텔이라니! 보아하건대 일본은 이곳에서 유럽이 일본에서 차지하고 있는 역할을 수행하고 있는 듯했다. 즉 일본은 자국의 소박한 문화 수준 이상의 진보를 보여 주고 있었다.

그렇게 나는 안퉁(Antung)[6]이라고 불리는 곳에서 생애 최초로 일본식으로 잠을 잤다. 알록달록한 기모노를 입은 몹시 작은 일본 여성이 발을 끄는 듯한 걸음걸이로 내게 다가와 머리를 숙여야만 들어갈 수 있는 나지막한 방으로 안내했다. 바닥을 덮고 있는 곱고 부드러운 깔개를 더럽히지 않기 위해서 나는 이미 문간에서 신을 벗어야만 했다. 작은 여성이 내게 이해할 수 없는 그 무엇인가를 묻더니, 뒤이어 일종의 매트 비슷한 것과 베개 두 개를 더 가져와서 방 한가운데에 내려놓았다. 그다음에 그녀는 길 쪽으로 난 창문 구실을 하는 종이벽으로 다가가서 더 이상 햇살이 들어오지 못하게 나무벽을 앞쪽으로 밀었다. 설사 도둑이라 하더라도 소리조차 안 내고 이곳에 들어오기는 어려웠을 것이다. 내가 뒤돌아보았을 때 그 일본 여성은 이미 재차 사라진 뒤였다. 촛불만이 참을성 없이 방바닥 위에서 가물거렸다. 나는 옷을 일부 벗고 매트와 여행이불 사이로 미끄러지듯이 쏙 들어간 뒤 불을 껐다.

---

6) 안둥(安東)을 말한다. 지금의 단둥(丹東)이다. 중국 랴오닝성(遼寧省)에 소재한 도시로서, 옛 이름은 안둥(安東)이었으나 1965년 단둥으로 개명하였다. 압록강 하구부의 신의주 대안에 자리하여 신의주와는 철교로 연결된다. 원래 작은 마을이었으나 1907년 개항장이 되었고, 3년 후 일본의 대륙진출 관문으로 발전하였다.

2. 산맥을 통과하며

다음 날 아침 나는 이상야릇한 음악 소리에 잠이 깼다. 유럽이었다면 나는 그런 소리는 음악이라고 여기지 않았을 것이다. 하지만 크게 질러대는 날카로운 비명소리는 일본의 연극공연과 사원들에서 들었던 절규하는 듯한 음악 소리와 정말 흡사했다. 더 이상 잠을 잔다는 것은 꿈도 꿀 수 없어서 나는 일어나 몰래 연주자들을 보려고 했다. 칠흑 같이 깜깜했다. 하지만 곧 내가 어디 있는지에 생각이 미쳐서 몇 번을 더듬거리다가 덧창을 찾아냈다. 서늘한 아침공기와 함께 새롭게 시작된 하루의 휘황찬란한 붉은 햇살이 방으로 쏟아져 들어왔다. 서늘하고 매서운 바람이 내게 불어왔다. 이것은 일본의 더위 탓에 여전히 데워진 상태의 내 몸을 이루 말할 수 없이 좋게 만들었다. 우아하고 환상적인 일본 집들을 본 뒤여서, 아래에 내려다보이는 마을의 소박하고 각진 집들은 솔직히 마치 고향의 인사인 양 나를 기쁘게 했다. 그런데 음악 소리는? 음악 소리도 예상 밖이었다. 왜냐하면 사실 그것은 내가 두려워했던 음악 소리가 아니었다. 그것은 유럽에서처럼 바퀴가 기름칠이 잘 안 된 축 주위를 돌아갈 때 나는 당연한 소리였다. 그런데 그 바퀴들은 노동자들이 일렬종대로 끌고 지나가는 끝없는 손수레 행렬의 일부였다. 손수레와 노동자들 둘 다 똑같이 나의 이목을 끌었다. 그 이유는 손수레 바퀴가 독일 수레보다 훨씬 더 컸을 뿐만 아니라 무엇보다 바퀴가 손수레의 끝이 아닌 중간에 위치하고 있었기 때문이었다. 수레에 실은 기와들은 바퀴의 좌우에 붙여서 만든 널빤지 위에 놓여 있었다. 그런데 노동자들이 이제껏 보지 못했던 완전히 새로운 부류의 사람들이었다. 큰 키에 건장한 체격, 옆으로 퍼진 정직한 얼굴에 생기 있게 번득이는 옆으로 째진 눈, 대개 머리 주위를 휘감을 수 있도록 길게 땋은 머리를 한 파란 옷의 사내

안퉁의 일본역에서

들은 중국인임에 틀림없었다. 그렇다면 내가 중국에 와 있고 내 여행 체험기의 새로운 장을 시작할 수 있는 게 맞구나!

물론 우리는 여전히 일본 주인에게 먼저 돈을 지불해야만 했다. 그가 진짜 사기꾼임이 증명되었다. 그는 우리에게 초라한 잠자리와 그보다 더 초라한 아침 식사비용으로 각각 현금 12마르크씩을 받아 갔다. 루이스 씨가 이 사실을 자신의 여행 안내서에 적어 그의 행동을 잊지 않을 것이다. 그 이후에도 우리는 여전히 일본의 그늘에서 벗어날 수가 없었다. 한 일본인 안내자가 마을을 통과해 일본 공무원들이 차표를 팔고 일본 군인들이 승강장을 지키고 있는 역으로 우리를 데려갔다. 그 결과 우리는 재차 일본 열차에 몸을 맡겨야만 했다. 러시아인도 벌써부터 또다시 열심히 염탐하며, 내게 역 위쪽 언덕에 지어진 육중한 기와 건축물들을 보았냐고 물었다. 사람들이 그에게 그것들은 관공서와 물품창고들이라고 말했었지만, 그것이 무엇인지는 그가 더 잘 알고 있었다. 그것은 전쟁 시에 일본인들이 철도 노선을 보호하기 위해서 설치한 보루란다! 일단 그것은 나와는 별 상관없는 일이었다. 왜냐하면 이제 막 내가 그것보다 더 흥미로운 것을 발견했기 때문이었다. 특이한 외모를 한 사람이 대합실에서 절뚝거리며 왔는데, 나는 그 모습에 웃어야 할지 놀래야 할지 몰랐다. 혹시 중국 여자인가? 그녀는 머리 위쪽에 모자 대신에 온갖 번쩍이는 철사로 만든 작은 구슬이 가득 달린 반달 모양의 군악기 같은 것을 쓰고 있었다. 걸어갈 때 균형을 잡느라 그 아래 얼굴은 어딘지 모르게 경직되고 긴장되어 있었다. 얼굴 역시 입술과 뺨을 붉은색으로 야하게 화장했지만 그렇다고 더 예쁘지도 않았다. 그다음은 볼품없이 넓은 일종의 덧옷 같은 것이었는데, 진짜 믿을 수 없게 오른쪽 어깨 위에서 단추를 채우도록 되어 있었다. 마지막을 장식한 것은 마찬가지로 볼품없는 바지였다. 아니, 마지막으로 아주 다른 그 무엇인가가 더 있었다! 그녀는 젖먹이 아기의 발을 빌린 것 같았다. 왜냐하면 멀쩡한 사지로 걸어가는 대신에 그녀는 이해가 안 되게 두 개의 꽉 끼는 작은 아이 슬리퍼를 신고 절뚝거리며 왔기 때문이었다. 이미 중국에 관한 책을 한 권 써서 무엇이든 다 잘 알고 있는 무어 여사가 내게 그것에 관해 설명해 주려고 다가왔다. 유럽의 대다수의 사람들이 개미허리를 아름답다고 생각하듯이 중국인들은 작은 발을 예쁘다고 생각한다. 그 때문에 그들은 여자 발을 젖먹이 아기의 발 크기로 작게 만드는 기술을 하나 고안해 냈다. 아주 어릴 때부터 소녀들의 발가락을 발바닥 아래로 누르고, 더욱이 발이 자라는 것을 막기 위해 밤마다 아주 꽉 끼는 잠자리 신을 신긴다. 그와 같은 방식으로 그들은 자신들이 원했던 것 이상의 결과에 도달하게 된다. 즉 다리 역시 무릎부터 성장이 중지되어 두 개의 힘없는 그루터기가 되는 것이다. 물론 이렇게 더욱 아름다워진 중국 여인은 제대로 걷는 것은 생각조차 할 수도 없다. 평생 그녀는 다리 대신에 마치 두 개의 나무 의족을 끼워 놓은 것처럼 절뚝거려야만 한다. 하지만 중국인들은 작은 발에 강한 애착을 갖고 있어서 심지어 절뚝거리는 것조차 아름답다고 생각하며, 절뚝거리는 여인들을 보고는 바람에 우아하게 이리저리 흔들리는 나뭇가지와도 같다고 말한다. 그들은 가엾게도 불구가 되다시피 한 작은 발을 "황금 연꽃"7)이라고 부른다. 중국에서는 약혼할 때 신랑, 신부 중 그 어느 쪽도 나타나지 않는다. 약혼이라는 사안은 오로지 양측 부모들에 의

---

7) 말할 것도 없이 전족(纏足)을 의미하는데, 전족을 한 여자의 예쁜 발을 '황금 연꽃'에 비유한 것이다. 한자로는 '금련(金蓮)'이라고 한다. 같은 맥락에서 미인의 걸음걸이를 '금년보(金蓮步)'라고 하였다.

해 정해진다. 하지만 신부의 정확한 발 길이는 신랑에게 전달되고, 발 길이가 짧으면 짧을수록 신랑의 기쁨은 더욱더 커진다!

차장이 호루라기를 불었고, 우리가 탄 기차는 산 속으로 들어갔다. 일본식 개념에 따르면, 협궤철도는 작은 철도를 의미한다. 그 말 속에는 정말 무엇인가를 전하려는 의도가 담겨 있다. 우리가 앉아 있던 열차 칸이 너무 작아서 기차가 달리는 동안 다들 머리를 박아 혹이 생겼다. 물론 그 점만 빼면 그 협궤철도는 상당히 유명한 철도였다. 그것은 일본 군대들이 러시아인에 대항할 수 있도록 일본 개척자들이 지난 전쟁 때 몹시 서둘러 산을 뚫어 만든, 안퉁(安東)에서 묵덴(奉天)으로 가는 철도[8]였다. 일본인들은 전쟁 후에도 철도가 남아 한국과 만주 사이의 대중교통에 기여할 수 있도록 자신들의 작품을 정말 잘 만들었다. 물론 승리의 월계관을 소유하고도 안주하지 않는 일본인들은 전쟁 후에 곧 협궤철도를 광궤철도로 변경시키는 데 착수했다. 그들의 철도는 많은 기술적, 외교적 어려움 끝에 1911년 11월 1일에 완공되었고, 최초의 급행열차가 굉음을 내며 일본 치하의 한국에서 출발해 중국의 만주로 향하는 압록강 다리 위를 달렸다. 그 당시에 우리는 이미 새 철도의 선로들이 거리의 차이는 있지만 거의 매번 우리 열차 구간의 지척에 놓여 있는 것을 보았다. 러시아인은 자신의 스케치북에 새 철도의 대략적인 노선을 그리느라 바빴다. 그 밖에 우

---

8) 안펑선(安奉線) 철도를 말한다. 청일전쟁에서 승리한 일본제국주의는 동북아를 장악하려는 야심을 품고 1904년 2월 8일 뤼순(旅順)항의 러시아 함대를 기습 공격하였다. 이에 2월 10일 러시아는 일본에 정식으로 선전포고를 하였고, 중국의 랴오닝(遼寧)은 '러일전쟁'의 전쟁터가 되었다. 군수물자의 신속한 조달을 위해 일본군과 일본철도 총감부(總監部)는 청조정부의 동의도 없이 무단으로 안둥(安東)에서 펑텐(奉天, 지금의 沈陽)에 이르는 군용 협궤철도를 건설하였다. 안둥에서 샤마탕(下馬塘)에 이르는 1차 공사는 1905년 3월에 완공되었고, 펑텐에 이르는 2차 공사는 1905년 12월 3일에 완료되었다. 이로써 안둥에서 펑텐에 이르는 군용 협궤철도인 안펑선이 개통되었다. 이후 1909년 8월 일본은 협궤를 광궤로 바꾸는 공사를 시작하였고 1911년 11월 1일 준공하였다. 여행기의 저자가 여행할 당시는 협궤를 광궤로 바꾸는 공사가 완공된 직후였던 것으로 보인다(曹陽, 「安奉線鐵道修建始末」, 『丹東日報』 2007.11.2. 참조).

리는 장난감같이 작은 옛날 기차로 여행할 수 있어서 기뻤다. 왜냐하면 우리 기차는 마차처럼 천천히 아름다운 지역을 기어가듯이 통과해 지나갔고, 오늘날에는 세 개의 어두운 터널들을 통과해서 지나가야만 하는 곳을 산 고갯길을 타고 올라가면서 우리에게 저 멀리까지 나라 안 장관을 모두 보여 주었기 때문이었다. 그 때문에 우리는 대부분 창가에 바짝 붙어 앉아서 밖을 내다보느라 시간이 얼마나 빨리 지나가는지 전혀 눈치채지 못했다. 푸짐한 점심 식사가 비로소 우리를 다시 열차 내 사교 모임으로 결집시켰다. 이번에는 우리의 새로운 여행 동반자인 통(Tong)이 처음으로 합류하여 행동을 보여 주었다. 그는 러시아인의 중국인 하인이었는데, 이제까지 내국인용 칸에 타고 다녔었다. 러시아인은 그에게 많은 돈을 주고 있었다. 왜냐하면 v. Z. 씨가 알고 싶은 것을 중국인 하인이 같은 나라 사람들에게 물어서 알아내 염탐할 때 도움을 주기 때문이었다. 그러나 나는 그 젊은이가 자신의 주인을 속이는 것이 아닌가 하는 의심이 살짝 들었다. 왜냐하면 그는 그다지 정직해 보이지도 않았고 황색인들은 백인들에게 귀찮게 달라붙기 때문이었다. 하지만 결국 그것은 나와는 상관없는 일이었다. 통이 알코올 불에 올려 준비해 준 차는 정말 훌륭했다. 거기에 곁들여 우리가 가져온 젤리 육즙에 담긴 통조림 생선을 먹은 다음 바삭바삭한 케이크를 먹었다. 다들 만족스러워했고 기분이 좋아 보였다. 심지어 후식으로 재미난 이야기들이 식탁에 올라왔다. 그중에서 무어 여사의 이야기가 기억에 남는다. 그녀가 말했다. “최근 몇몇 중국 여인들이 유럽이 일부일처제인 이유를 알아냈답니다. 얘기하자면, 전도사인 제 친구가 중국 청나라 고관─이곳에서는 고위직에 있는 공무원들을 그렇게 부릅니다─집에 차 초대를 받아 갔었습니다. 그

청나라인의 여덟 명의 부인들이 그녀에게 상당한 흥미를 보였지요. 그들은 그녀를 만지고 머리부터 발끝까지 놀라서 멍하니 바라보았답니다. 물론 처음에는 옷, 그다음에는 머리카락, 치아, 발, 특히나 중국 여인들이 그들만의 견해를 갖고 있는 발을요. '당신은 남자처럼 걷고 달릴 수 있겠군요.' 첫 번째 부인이 전도사인 제 친구에게 말했습니다. '물론 그럴 수 있지요.' '말도 타고 수영도 할 수 있나요?' 두 번째 부인이 물었지요. '심지어 아주 잘하지요.'라고 전도사가 대답했답니다. '그러면 당신은 남자만큼 힘이 세겠군요.'라고 세 번째 부인이 말했습니다. '그렇기도 하지요.' '그러면 당신은 아마도 남자한테 맞고 살지 않겠지요? 남편한테서도?' '당연하죠.'라고 제 친구가 힘껏 대답했답니다. 청나라 고관의 여덟 부인들이 놀라서 서로 쳐다보더니 여덟 번째 부인이 말하더랍니다. '이제야 왜 외국 도깨비들이 부인을 한 명 이상 두지 않으려고 하는지 이해가 되는군요 — 무서워서예요!'"

이날 저녁 우리가 여행을 멈추고 또다시 일본 호텔에 묵었던 장소는 차호코호(Tsahokoho)[9]라는 곳이었다. 그런데 이곳에서는 우리 모두에게 유럽식 침대가 제공되었고 심지어 훌륭한 맥주 한 잔도 빠지지 않았다. 그래서 우리는 저녁 식사 후에 다 같이 한 시간가량 더 머무르면서 오늘 받은 인상들에 관해 환담을 나누었다. 그 와중에 무의식적으로 어제 보았던 한국과 만주를 비교하면서, 일본 통치가 한국과 만주에서 완전히 다르다는 사실을 숨기지 않았다. 한국에는 수적으로 열세인 영락한 황색 민족이 중국의 형제민족들과는 무관하게 살아가

---

9) 차오허커우(草河口)를 말한다. 현재의 행정구역상 정식 명칭은 차오허커우진(草河口鎭)이다. 동쪽으로는 단둥시(丹東市)가 있고, 번시(本溪) 만주족자치현(滿族自治縣) 남부에 위치해 있다. 번시현(本溪縣) 남부의 중심지이다.

고 있다. 일본에게 그곳은 수천의 일본 주민들을 쉽게 이주 보내서 인적 없는 반도를 이주민, 상인으로 활동하는 자들로 붐비게 해 새로운 일본을 건설할 수 있는 국경 지역이다. 그에 반해 만주는 번창해가는 부유한 땅이다. 언덕에는 빽빽한 숲들, 골짜기에는 기름진 경작지들이 있고, 이 골짜기들에는 사람들이 많이 사는 마을들과 도시들이 모여 있다. 이 마을과 도시의 집들은 부유함과 심지어 예술을 보여 주고 있고, 분주하게 거리를 가득 메우고 있는 사람들은 자신들이 여전히 그 땅의 주인이라는 사실을 아는 듯 자긍심과 자의식을 갖고 행동한다. 물론 역들마다 일본 군인들이 서서 기차가 도착하고 떠날 때마다 받들어총을 하지만, 이 역들이 위치한 마을들에서는 비웃는 표정으로 동료 일본 군인들의 행동을 지켜보는 중국 군대들도 보인다. 반면에 일본 농부들의 정착지와 일본 상인들의 가게를 찾는 것은 헛수고다. 우리 또한 자의식이 강한 중국인들이 자신들의 나라에 들어온 침입자들을 용인할 수 있을 거라고는 상상조차 하기 어려웠다. 그들이 과연 그 자체로 하나의 커다란 침입자에 불과한 이 철도를 장기적으로 참아 낼 수 있을까? 우리 모두는 중국인들이 잠에서 깨어나는 날, 이 냉혹한 예술작품이 파괴되거나 아니면 중국인 소유로 변하게 될 거라는 점에 의견이 일치했다.

하지만 우리는 또한 차후에 누가 만주의 주인이 되든 간에 축복받은 땅을 차지하게 될 것이라는 점에도 의견이 일치했다. 높은 산들과 넓은 골짜기들을 지나 꼬박 하루 더 여행했지만, 우리는 계속해서 새롭게 펼쳐지는 자연경관의 아름다움에 지치지도 않고 마냥 기뻐했다. 곧 우리는 어느 산맥의 능선을 따라 이동했고, 그러자 많은 격전을 치른 땅 전체가 지상의 거대한 보물창고처럼 우리 발아래에 펼쳐졌

다. 기차는 곧장 초록색 떡갈나무 숲과 검은 전나무 숲을 기어가듯이
통과했다. 그러자 마치 우리가 탄 기차의 소음이 처음으로 이 외딴
곳의 평화를 방해하는 것만 같았다. 곧이어 기차는 산 속의 맑은 강
들을 따라 움직였다. 그러자 기차 옆 물 위에 버드나무가 비쳤고, 숲
의 은신처에서는 물레방아가 덜커덕거렸다. 그런데 이곳 물레방아의
바퀴는 밀려드는 밀물에 수직이 아니라 수평으로 달려 있었다. 노상
에서는 변발을 한 농부가 황소가 끄는 수레를 몰고 오는가 하면 긴
푸른색 작업복을 입은 농부의 아내가 제 갈 길을 가고 있었고, 비교
적 부유한 가족이 알록달록하게 칠한 이륜거를 타고 지나갔다. 지붕
과 창문이 있는 그 이륜거는 우리 유럽에서 목동이 목초지 위에 들어
가서 자는 차와 흡사했다. 돌로 짓거나 아니면 진흙 위에 흰 칠을 한
아늑해 보이는 농장들 주위로 알록달록한 과꽃들이 피어 있었고, 문
과 창문마다 달려 있는 새장에서는 새들이 햇살을 향해 휘파람을 불
어대며 지저귀고 있었다. 하지만 이 땅의 진정한 부는, 아메리카 대륙
의 비옥한 지역만큼이나 키 큰 옥수수가 한가득 자라나는 골짜기에
있었다. 그곳에서는 중국식 기장의 일종인 수수 줄기들이 마치 작은
숲처럼 나지막한 우리 열차 위에 우뚝 솟아 있었다. 땅 위에는 대두
의 초록 넝쿨이 무한히 뻗어 나가고 있었는데, 이 대두의 기름은 세
계시장에서 상품화되었다.

셋째 날 오후에는 우리 쪽에 있던 산들이 사라지고 골짜기는 평지
가 되었다. 그곳의 첫 번째 기차역에서 우리는 아더항(Port Arthur)[10]

---

10) 뤼순항(旅順港)을 가리킨다. 현재의 행정구역상 명칭은 랴오닝성(遼寧省) 다롄시(大連市) 뤼순커우구(旅順
   口區)이다. 원래는 뤼다시(旅大市) 관할 아래의 뤼순시(旅順市)이었다. 제2차 아편전쟁(1858~1860) 당시
   영국 해군 아더(Arthur) 제독이 지휘하던 프리 게이트(Free Gate)호가 기항한 적이 있는데 이때부터 아더
   항(Port Arthur)이라는 명칭이 서구에 알려지게 되었다고 한다. 원래는 인가조차 드문 적막한 어촌이었지

에서 오는 만주 간선에 도달했다. 일본인들이 교활한 허영심에 그대로 남겨 둔 역사(驛舍)들의 러시아식 이름들에서 여전히 볼 수 있듯이, 만주 간선은 대전투의 전리품이었다. 우리는 높은 열차 칸에 올라타서 수수줄기들 사이로 한 시간 더 이동했다. 1905년에 러일전쟁의 결전이 벌어져 피로 물들었던 장소를 현재는 이 수수줄기들이 뒤덮고 있다. 뒤이어 차장이 우리가 타고 있던 열차 칸을 향해 묵덴!이라고 외쳤고, 우리는 만주 수도의 기차역에 도착했다.

만. 1878년에 리훙장(李鴻章)이 주도해 청조 북양함대의 근거지가 되면서 마을이 형성되었다. 청일전쟁 중의 1895년에 일본육군에 의해 점령되었고, 이때 '뤼순학살사건'이 보도되기도 했다. 청일전쟁의 전후 처리를 위해 체결된 '시모노세키조약'에 의해 뤼순을 포함한 랴오둥반도(遼東半島)가 일본에 할양되기로 정해졌지만, 이른바 '삼국간섭'에 의해 중지되었다. 1900년의 의화단운동이 진압된 후, 러시아의 조차지가 되어 러시아 해군 태평양함대의 근거지로서 군항 및 요새로서 개발되어 인구 1만 명을 넘는 도시가 되었다. 1904년 2월 8일 일본함대가 뤼순 군항을 기습 공격하면서 러일전쟁이 시작되었고, 러일전쟁에서 승리한 일본이 점령하였다. 1905년 9월 포츠머스조약으로 일본이 뤼순에 대한 조차권을 차지하게 되었다. 여행 당시의 뤼순은 일본 점령 하에 있었다.

3. 묵덴[11]에서

우리는 처음에 사람들이 우리를 열렬히 환영하는 것인지 목을 베려고 하는 것인지 알지 못했다. 역을 떠나기가 무섭게 우리는 극도로 불쾌하게 흥분을 야기하는 파란색 작업복의 혼잡한 무리들 속에 있게 되었다. 그들이 우리 가까이로 몰려들어 공중에 팔을 휘두르고 땋은 머리가 날아갈 정도로 머리를 돌려 거칠게 째지는 소리를 내뱉는 바람에, 나는 무의식적으로 안퉁에서처럼 또다시 어느 일본인이 우리를 보호해 주지는 않을까 하여 내 주위를 둘러보았다. 하지만 이곳에

---

11) 선양(沈陽)의 만주어 명칭이다. 만주어로는 '＊'이라고 쓰고 영어로는 'Mukden'이라고 한다. 선양은 2천 6백년의 역사를 가진 고도(古都)이자, 현재 랴오닝성(遼寧省)에 속해 있는 중국 동북지역 최대 도시이다. 훈허(渾河)의 옛 이름인 '선수이(沈水)'에서 그 명칭이 유래하였다. 1625년 청 태조(淸太祖)가 건국한 후 금(後金)이 이곳에 도읍을 정하여 '성경(盛京)'이라 칭하였고, 淸으로 국호를 정하고 입관(入關)하여 베이징으로 천도한 이후, 1657년에 봉천(奉天)으로 개칭하였다. 1923년 펑톈시(奉天市)로 개편되었고, 1929년 동북군벌 장쉐량(張學良)이 선양시(沈陽市)라는 명칭으로 돌려놓았다. 1931년 '9·18사변'으로 일본이 점령한 후 다시 펑톈시(奉天市)로 명칭을 바꾸었다. 1945년 해방되면서 다시 선양으로 개칭되었다. 여행 당시에는 펑톈(奉天)으로 불리고 있었다.

서 일본은 완전히 사라진 것이나 마찬가지였고 치안 담당 경찰관 역
시 보이지 않았기 때문에, 우리는 스스로 우리가 어떻게 끝장날지 두
고 보아야만 했다. 다행스럽게도 러시아인이 소동을 일으키는 자들에
대해 우리를 안심시켰다. 그의 하인이 그들이 정말로 열렬히 환영하
려고 했다는 사실을 알아냈다. 물론 우리가 아니라 우리와 함께 도착
한 중국의 고위직 관리를 말이다. 그들의 터져 나오는 감동을 더 즐
길 마음이 없었기 때문에, 우리는 차가 서 있는 장소로 뚫고 나가서
곧장 차를 타고 작은 행렬을 이루며 시내로 갔다. 내가 옆에 앉아 있
는 러시아인에게 "이곳에서 시베리아 냄새가 나는군요."라고 말하자,
그가 아부하듯이 미소로 답했다. 즉 경치가 벌써 북아시아 지역 초원
지대의 특성을 보여 주고 있었던 것이다. 이곳 사람들은 그들의 두꺼
운 옷과 무뚝뚝한 태도로 보아 명백히 겨울 지방의 아들들이었다. 그
리고 우리가 여러 차례 맞닥뜨린 높은 활 모양의 멍에가 달린 마구(馬
具)와 같은 여러 세세한 부분들에서 벌써 러시아 풍속과 관습을 직접
감지할 수가 있었다. 나는 내 동행자에게 우리가 도처에서 마주친 더
러움과 황폐함이 러시아적인 것인지 아니면 중국적인 것인지 물어보
려고도 하지 않았다. 그것은 아마도 그리 쉽게 결정내릴 수 있는 문
제가 아니었을 것이다. 좌우간 벌써부터 나는 의심할 여지없이 또다
시 우리를 기다리고 있을 일본 호텔을 그리워하기 시작했다. 반드시
일본인들에게서 전제할 수 있는 청결함과 친절함, 신중한 어조와 배
려심이 있는 공손함을 위해서, 나는 몇 개의 혹과 번거로움 정도는
기꺼이 감수할 용의가 있었다. 하지만 다른 것들이 먼저 우리를 기다
리고 있었다. 역이 도시로부터 최소 5km 이상 떨어져 있었기 때문에,
도시는 아주 서서히 시작되었다. 러시아인이 가르쳐 준 바에 따르면,

당시 중국인들은 여전히 기차에 대해 알 수 없는 반감을 갖고 있었기 때문에 역을 더 가까이 두려고 하지 않았다. 이러한 반감은 여전히 오늘날에도 완전히 사라지지 않고 있다. 그래서 우리는 초원지대로부터 초라한 집들이 모여 있는 시 외곽으로 먼저 가게 되었다. 그 집들 사이에 두 마리의 흉측한 용들과 다섯 개의 통통한 구슬로 장식된 문이 완전히 쓸모없이 서 있었다. 왜냐하면 좌우 그 어디에도 그 문으로 입구를 만들 수도 있었을 법한 담벼락 하나조차 없었기 때문이었다. 그 후 우리는 명백하게 벌써 진정한 도시구역에 와 있었다. 변발을 한 자들로 혼잡해 거의 뚫고 지나갈 수가 없을 지경이었고, 그들의 고함소리가 우리들 사이에 오가는 모든 대화를 불가능하게 만들었다. 또 주변 집들로부터 나는 냄새에 여자들뿐만 아니라 남자들도 서둘러 손수건을 코로 가져갔다. 그런데 갑자기 도시 성문이 달린 담 하나가 우리 앞에 나타났는데, 그 문은 바깥의 작은 문이 진지함에 있어서 부족했던 부분을 모두 만회해 주었다. 삼층의 감시탑이 있는 그 문은 위협하듯이 길 위쪽에 자리 잡아 당초무늬로 장식된 지붕들 사이로 의심스러운 듯이 우리를 내려다보고 있었다. 쳐다보아도 회색의 더러운 받침과 가파른 측면 담들 때문에 마음이 도통 끌리지 않았다. 우리는 성문 아치에서 총검을 세워 든 채 보초를 서는 한 중대의 중국군인들 곁을 지나쳐야만 했고 마찬가지로 도시 내부의 길 위에도 50m마다 중국 군인이 발 옆에 총을 둔 채 보초를 서고 있었는데, 이 모든 것들이 상황을 더욱 불편하게 만들었다. 우리는 이제 제대로 감옥 안에 있는 것처럼 느끼게 되었고, 팔케 양은 거의 울기 일보 직전이었다. 하필이면 러시아인은 군대 주둔에 관해 불안한 정보를 주었다. 그 군인들은 주변 산들에 살면서 충우젠(Tschungusen)[12]이라는 이름으로 이 나라 역사에서 중요한 역할을 하는 수많은 화적떼들을 겁먹게 한다는 것이다. 일본인들은 러시아인들에게 거친 산골 사람들의 약탈행렬을 후원한다고 비난하고, 반면에 러시아인들은 일본인들이 중국을 교란시켜 자신들의 군대를 계속 만주로 보낼 구실을 만들기 위해서 급료를 주고 화적떼 우두머리들을 고용했다고 질책한다. 세 번째 설은, 심지어 충우젠(忠義軍)이 실제로는 러시아와 일본에 대항하기 위한 동원계획 하에 이미 정규 부대처럼 고용된 위장한 중국 원군이라는 데까지 이야기가 미친다. 어쩌면 이 세 가지 설이 모두 맞을지도 모른다. 화적들이 가난한 농부들을 약탈하고 또 러시아인, 일본인, 중국인들로부터 그 대가로 배당금을 받는 것일지도!

민을 만한 말일까? 우리는 재차 담이 가장 높은 도시성문을 통과해야만 했고 이제 제대로 쥐구멍 안에 들어앉게 되었다. 왼편에 둘째가라면 서러울 정도로 더러운 집들이 늘어서 있는 최고로 더러운 길이 나 있었다. 우리는 바로 그 길로 접어들었다. 휙, 그 때 차가 멈췄고, 러시아인이 "여기가 호텔입니다."라고 설명해 주었다. 나는 먼저 그를 쳐다본 뒤 그 집을 보았다. 정말로 문 위 간판에서 뉴욕의 아름다운 대형 호텔의 이름에서 유래해 지구상의 수많은 숙박업소들의 이름이 되어 버린 "애스터 하우스(Astor House)"라는 이름을 읽을 수 있었다. 그런데 어떤 조롱꾼이 이 집에 그 이름을 붙인 걸까? 러시아인이 나를 위로하기 위해서 "이 호텔 소유주는 당신네 나라 사람입니

---

12) '충의군(忠義軍)'을 말하는 것으로 보인다. 충의군은 1900년에 일어난 의화단운동 말기 동북지역에서 대거 출현한 의용군이다. 당시 동북지역을 무장 점령해 있던 러시아에 저항했기 때문에 '항아의용군(抗俄義軍)'이라고도 한다. 러시아가 동북지역을 점령하고 식민통치를 시행하려 하자, 의화단의 잔여 부대와 동북지역의 관민이 의기투합하여 의용군을 조직하였다. 1901년 겨울, 충의군이 실패한 후에도 남은 사람들이 '외세 배격'을 기치로 육합권(六合拳)이라는 비밀결사로 다시 뭉쳐 러시아와 청조에 반대하는 무장 투쟁을 1902년 8월까지 지속하였다. 이후에도 충의군은 동북지역 반제투쟁의 전설이 되어 사람들의 뇌리에 각인되어 있었다(黎光,「略談有關忠義軍抗俄鬪爭的幾個問題」,『社會科學戰線』1979年 2期 참조).

묵덴의 거리

다.”라고 말하며 차에서 뛰어내렸다. 이곳에서 실제로 일어났듯이 나와 같은 나라 사람이 철저하게 마을의 수호신―나는 중국의 더러움이라는 악귀를 이렇게 부르려 한다―의 제물이 되었다니, 멋진 위로다! 방들은 나지막하고 어두웠고 벽에는 눅눅한 얼룩들이 있었다. 아마도 그 건물은 한 번도 미관적인 측면에 대해 요구를 한 적이 없었을 테인 데다가, 이제는 세월이 흘러 더럽고 부서질 듯이 되었다. 다들 기차 여행과 묵덴에서의 냄새 뒤에 무엇보다도 가장 먼저 깨끗이 씻고 싶었지만, 목욕시설이 궁색해서 우리들 중 그 누구도 사용하지 않았다. 동향인인 호텔 주인에게 은근히 그가 이 숙박업소의 명예를 실추시키고 있다고 암시하자, 그는 내년에 역 부근에 대형 일본 호텔이 들어설 것이고 그러면 그의 사업도 끝장날 것이기 때문에 일부러 더 이상 아무것도 투자하지 않는다고 내게 대꾸했다. 나는 이 사실을 여행 동반자들에게 알렸고, 루이스 씨는 분노의 토로로 이미 자신의 여행 안내서에 묵덴의 호텔사정에 관해서 작성한 내용을 체념한 듯이 다시 지워 버렸다. 그 밖에 음식은 결코 나쁘지 않았고, 우리의 기분도 어느 정도 좋아졌다. 후에 길 쪽으로 나 있는 거실에 들어섰을 때, 나는 팔케 양이 이전 황제의 사진 아래에 놓여 있는 존경스러운 독일 소파 위에 앉아서 미소를 띤 채 주인의 가보들 중에서 빌헬름 부쉬[13])를 읽고 있는 것을 발견했다. 그녀가 내게 낭독해 주었다.

> 나의 사랑하는 아들아, 안타깝구나,
> 네게는 절제가 부족하구나.
> 절제는 만족이란다,
> 우리가 얻지 못하는 사물에 대한,
> 그러니 분수를 지키며 살고, 현명하게 생각해라,
> 그 무엇도 필요로 하지 않는 자가 바로 충분히 가진 자란다.

우리는 둘 다 진심으로 웃었고, 다른 사람들은 무슨 내용인지도 모르는 채 우리와 함께 웃었다. 하지만 나는 우리 모두가 이날 밤 새로운 대형 일본 호텔에 관해 꿈꾸고 있었다고 확신한다!

물론 다음 날 아침 이 도시의 흉한 모습이 재차 무거운 짐처럼 내 영혼을 짓눌렀다. 찬란한 햇살이 "애스터 하우스"를 떠나 거리 산책을 하라며 나를 유혹했다. 대하(大河)에 비라도 내렸으면! 스스로 놀라 크고 검은 진흙바다 위에 떠 있는 해는, 서로 쫓아가며 배설물을 낮

---

13) 독일 작가인 Wilhelm Busch(1832~1908)를 말한다. 대표작으로 40개국 언어로 번역된 『막스와 모리츠』가 있다.

은 집 지붕에 이르기까지 모조리 길에다 튀겨대는 크고 검은 개들의 소동, 그리고 마찬가지로 꿀꿀거리고 꽥꽥거리며 길 위 웅덩이에서 뒹구는 검은 돼지들의 지저분하고도 편안한 모습을 비추었다. 비라도 내렸으면! 이제 햇빛은 가차 없이 상점들 깊숙이까지 환히 비추며, 초라한 잡동사니, 그곳에 팔려고 진열해 놓은 색이 현란한 고물들, 집의 균열과 더러운 벽, 벽에 매달아 놓은 촌스러운 취향의 조야한 장식을 드러내 보였다. 이제 해는 길 위와 흉한 집들에 사는 자들을 비추었다. 크고 어깨가 넓은 만주인들과 그보다 작은 중국인들, 작업복을 입은 남자들과 바지를 입은 여자들, 넝마를 걸친 육체노동자들과 비단옷을 입은 관리들. 그런데 이들 모두에게는 더러움과 영락이라는 낙인이 찍혀 있었다. 그들 모두는 서로에게 거칠게 대했고 이방인에게는 적대적이었다. 그들은 모두 흡사 거리의 흉한 환경을 흉한 모습들로 채우는 데 내기를 거는 것만 같았다. 여기서는 아마도 도둑질 때문인지 한 녀석이 비참할 정도로 두들겨 맞고 있었고, 저기서는 여성 두 명이 간사한 사람처럼 교태를 부리고 있었다. 이쪽에서는 짐이 무겁게 실린 자신의 수레를 진흙에서 끌어내야만 하는 작은 암말을 한 거대한 만주인이 사정없이 후려치고 있었고, 저쪽 푸줏간 앞에서는 말이 칼에 찔려 길 위에 피를 뿌리고 있었다. 비라도 내렸으면! 이 환한 햇빛과 청명한 푸른 하늘은 자유와 아름다움에 관해 얘기하건만, 흉측함으로 가득한 광경은 여전히 높은 담들로 에워싸여 있고, 성문의 어두운 탑들은 녹지 한 귀퉁이가 거리의 더러움을 뛰어넘어 눈을 위로해 줄 수조차 없도록 애쓴다.

하지만 이러한 담과 문들은 나를 위한 것이 아니었다! 나는 가장 가까이에 있던 인력거에 올라탄 뒤, 인력거꾼에게 나를 탁 트인 곳으

로 데려가 달라고 손짓했다. 처음에 나는 좋은 대안을 선택한 것이
아니라고 생각했다. 이곳 성문 밖에는 황폐한 집들 대신에 황폐한 들
판이, 진흙투성이의 길 대신에 돌보지 않는 진흙길이 있었다. 여기서
는 오히려 성벽 안보다 더 많은 개와 돼지들이 이리저리 뛰어다니고
있었다. 그 후 들판도 끝이 나고 땅은 비옥하지 않은 잔디 덮인 목초
지로 변했다. 그 위에서 유일하게 눈길을 끈 것은 두더지가 파헤친
듯한 수백 개의 흙더미였다. 인력거꾼이 내게 그것은 **무덤**이고 우리
가 중국 교회 묘지를 통과하고 있다고 알려 주었다. 무덤 관리는 또
한 한 민족의 문화를 가늠하는 척도가 아니던가? 이렇듯 이별을 기념
하는 커다란 표시인 무덤에 인위적이거나 자연적인 그 어떤 장식물
도 없었고, 상상력이 발휘된 위로조의 경건한 상징물조차 없었다. 한
무덤을 다른 이웃 무덤과 구별 짓는 표시를 결코 한 차례도 발견할
수가 없었다. 얼음처럼 차가운 이러한 냉담함과 슬픈 조야함에 나는
소름이 끼쳤다. 인력거꾼이 나를 작은 덤불숲으로 데려가서, 내 앞 주
변에 펼쳐지던 그 슬프고도 흉한 모습이 이내 나무와 관목들이 늘어
선 약간은 아름다운 자연으로 가려졌을 때 나는 기뻤다. 나는 흰 자
작나무와 갈색 단풍나무들에서 벌써 가을이 된 것을 보았다. 초록 나
뭇잎들에 노란색과 붉은색이 섞여 있었고, 바람이라도 한차례 세게
불면 나뭇잎 속에서 수상쩍은 바스락거리는 소리가 났다. 길가 덤불
에서 잘 익은 월귤과 딸기를 딸 수 있었다. 내 발 아래 키 큰 잔디 사
이로 노란 꽃들과 백합 색 꽃들이 피어 있었다. 이것들을 통해 자신
의 존재를 알리던 여름의 유쾌한 축제가 끝나 가고 있었다.

묵덴 근교의 황제 무덤

그 때 덤불이 갑작스레 확 트인 공터로 열리는가 싶더니, 흰색의 기적물이 햇빛에 반짝이고 가물거리며 내 눈앞에 서 있었다. 세 부분으로 이루어진 대리석 문이 휘황찬란한 아름다운 모습을 하고 내 앞에 우뚝 서 있었다. 그 대리석 문의 돌 들보의 유희는 고상했고, 꼭대기는 풍성하고 은은한 장식으로 덮여 있었다. 그리고 세 개의 통로 입구마다 열 마리의 사자가 거만하게 문을 지키고 서 있었다. 나는 마치 새로운 세계로 진입하듯이 세 개의 흰 문틀로 발을 들여놓았다. 문 저편에서 나를 기다리고 있던 것은 신세계였다! 그곳에는 다채로운 유럽소나무들이 공터를 채우고 있었다. 분명 그 뒤에 있는 뜰을 빙 둘러가면서 보호하는 천연색 기와 담이 바로 내 앞에 쭉 이어지고 있었다. 이와 마찬가지로 세 개의 원형 아치가 달린 천연색 기와 문들이 뜰로 나 있는 입구를 만들고 있었다. 햇빛에 기와들이 초록색과 파랑색, 빨강색, 주황색 광택으로 빛났는데, 이러한 색의 유희는 일본 절과 흡사했다. 다만 저기 일본에서는 무광택의 목조건물이 섬세하고 조용한 목소리로 노래를 불렀다면, 여기서는 빛나는 돌이 힘찬 소리로 말하는 듯했다. 나는 좌우로 이 문 입구를 지키는 두 마리의 진노한 용들을 지나 뜰 안으로 들어갔다. 진기함 중의 진기함이라! 유럽 소나무들이 좌우로 빽빽하게 늘어선 이 뜰은 세 번째 문이 있는 건물로 이끄는 넓은 가로수길이 되었다. 하지만 이번에는 유럽 소나무들만 길의 가장자리를 장식하고 있는 것이 아니었다. 거대한 석상들이 자신의 왕에게 길을 만들어 주는 경호원들처럼 일정한 간격을 두고 서로 짝을 이루며 마주 보고 서 있었다. 여기는 코끼리 두 마리가 서로 마주 보며 코를 빳빳하게 늘어뜨리고 있었고, 저기는 낙타 두 마리가 뽐내며 서 있었다. 이쪽에는 말 두 마리가 용감하게 성큼 걸어 나오고 있었고, 저쪽에는 사자 두 마리가 힘센 머리를 위엄 있게 쭉 뻗고 있었다. 하지만 마지막에는 거대한 돌 거북이가 그를 빤히 응시하고 있었는데, 그 거북이 등 위에는 길 정중앙에 있는 여행자가 간과하지 못할 정도로 온통 글씨로 뒤덮인 큰 기둥이 세워져 있었다. 조용한 뜰을 그토록 활기차게 만들면서도 또다시 뜰 위에 그처럼 죽음의 침묵을 느끼도록 펼쳐 놓는 이 돌로 만든 녀석들은 무엇을 하려 했던 걸까? 죽음! 죽음만이 이 장소의 주인일 수 있었다. 주변의 어두운 소나무들이 죽음을 향해 녹색 머리를 조아렸다. 이 동물 석상들은 죽음에게 경의를 표했다. 고독을 풍기는 이 모든 대리석과 천연색의 기와로 이루어진 화려함이 죽음에게 봉헌되었다. 그리고 나는 이제 죽음의 성전 자체로 들어가듯이 세 번째 마지막 문을 통과했다. 중국인들이 **사리탑**이라고 부르는, 갖가지 무늬로만 장식된 곡선 지붕들로 이루어진 저 탑들 중의 하나가 문을 장식하고 있었다. 사리탑들은 또한 상여꾼처럼 말없이 엄숙히 뜰의 네 귀퉁이에 각기 서 있었다. 뜰한가운데에 대리석과 천연색 기와로 지은 큰 기도실이 있었는데, 그뒤로 다른 사리탑들보다 더 높고 아름다운 여섯 번째 사리탑이 솟아있었다. 하지만 안내원이 내 시선을 이 사리탑 뒤로 더 돌리게 만들었다. 그곳에는 완만한 무게로 넓은 구릉이 솟아 있었고, 꼭대기에는나무 한 그루가 유일한 그늘을 만들고 있었다. 내게 즉시 좀 전 저 밖의 목초지에서 보았던 작은 흙더미들을 기억나게 만드는 구릉이었다.이곳의 구릉은 그것과 닮아 있었다. 나는 변발을 한 중국인이 내게비밀스럽게 속삭이기도 전에 알아차렸다. 무명의 육체노동자 대신에천자가, 자신의 행적으로 인해 오늘날까지도 죽지 않고 살아 있는 전세계적으로 유명한 황제가 이곳에 잠들어 있었다. 청 왕조 건국자이자 처음으로 만주인들이 중화 제국을 지배하게 만들었던 태종 황타이지(Taitsang Weng Wangti)의 묘지[14)가 이곳에 있었다.

"호이! 호이!" 하고 인력거꾼이 외치며 나를 다시 묵덴의 더러움과진흙탕으로 데려갔다. 또다시 개와 돼지들이 내 주위를 뛰어다녔고,영락한 주민들은 무뚝뚝하게 옆으로 비켜서며 우리에게 욕을 해댔다.바깥의 화려함 속에 잠시 머문 뒤에야 비로소 나는 처음으로 이 민족의 총체적인 비참함을 보게 되었다. 중국 예술은 있지만, 거기에 이평민들의 몫은 없었다. 대리석의 화려함과 훌륭한 색채미가 살아 있

---

14) 후금(後金)의 제2대 군주이자 청조(淸朝)를 개국한 황제 청 태종 황타이지(淸太宗皇太極)의 왕릉인 '칭자오링(淸昭陵)'을 말한다. 현재 랴오닝성(遼寧省) 선양시(沈陽市)에 위치해 있으며, 유네스코 세계문화유산에 등재되어 있다. 태종 이외에도 효단문황후(孝端文皇後), 신비(宸妃), 귀비(貴妃), 숙비(淑妃) 등이 묻혀있다. 청초(淸初)에 조성된 관외(關外) 황릉 중에 가장 대표적인 고대 제왕 능묘 건축이다. 1643~1651년에 걸쳐 조성되었고, 이후에도 개축을 거듭하여 현재의 규모에 이르렀다. 1927년 5월 펑톈성정부(奉天省政府)가 베이링공원(北陵公園)으로 개조하였고, 현재는 전국중점문물보호단위(全國重點文物保護單位) 중의 하나이다.

었지만, 이 평민들은 검은색과 회색의 더러움과 영락함 속에 살고 있었다. 쇄쇄 소리를 내는 숲들과 꽃들로 뒤덮인 초원들이 있었지만, 그것들은 황실의 것이었다. 평민들은 침침한 벽들과 위협적인 문들만 볼 뿐이었다. 황제의 무덤이 가난한 자의 흙무덤 위에 그렇듯 높이 위치하고 있듯이, 삶의 고귀한 기쁨은 이들 평민들에게 그만큼 도달할 수 없는 높은 곳에 있었다. 개와 돼지들이 그들의 동료들이었고, 그곳에서 평민들은 자신들이 어떤 사회에 속해 살아가고 있는지 결코 모르는 것처럼 보였다!

제2장

화북에서

1. 톈진(天津)

우리는 또다시 묵덴역에 서서 우리를 진정한 중국으로 데려가 줄 기차를 찾았다. 러시아인이 옆 선로에서 그 기차를 발견하였고, 우리는 벌써부터 또다시 협궤철도 여행을 하게 된다는 사실에 겁이 났다. 하지만 막상 우리가 그 기차에 다가가 보니 그것은 멋진 급행열차였고, 심지어 정중앙에 널찍한 식당 칸이 있었다. 또 거기에는 유럽인 검표원이 있어서 우리에게서 기차표를 받아 갔다. 우리는 완전히 고향에 있는 듯이 느낄 뻔했다. 만약 네 명의 뚱뚱한 중국인들이 곧 아침을 먹기 위해 우리 옆 테이블에 와서 앉아, 마치 기차가 온전히 그들의 소유인 양 헛기침과 트림을 해대고 큰 말소리와 가지각색의 특이한 행동들로 존재감을 드러내지만 않았더라도 말이다. 그들은 알록달록한 비단 조끼와 상의에 흰색 각반과 검은색 천 슬리퍼를 신고 있었지만, 먹을 때 칼과 포크를 사용하고 필젠 맥주를 곁들여 마시는 것으로 보아 문명화된 우리 유럽으로부터 몇몇 좋은 측면도 얻어 간 듯했다. 후에 완전히 다른 세계에서 온 듯해 보이는 두 번째 중국인 무리가 열차 칸에 올라탔다. 그들은 유럽식 옷차림에 변발도 하고 있지 않았고 서로 영어로, 게다가 루이스 씨가 확인해 주었듯이 진짜 미국식 영어로 얘기를 나누고 있었다. 왜냐하면 그들의 대화에서 루이스 씨가 그들이 얼마 전까지 미국에서 공부했고, 베이징 소재 과거 미국 유학생 동문회에 참석하기 위해 베이징에 온 젊은이들이라는 사실을 알아냈기 때문이었다. 거리낌 없이 다리를 식탁과 의자 위에 올려놓을 뿐만 아니라 멀리서 포물선을 그리며 창문가에 있는 사발을 향해 침을 뱉는 것으로 보아, 젊은이들은 미국식 예절 공부에 헌신적으로 매진했던 듯했다. 침 뱉기는 이 식당 칸에서 특히나 식욕을 북돋우는 작용을 했다. 아니, 그 순간 내게는 트림하는 "진짜" 중국인들이, 자신들의 특성 중 장점만을 우리 유럽인들의 단점과 맞바꾼 것 같아 보이는 이 짝퉁 유럽인 혹은 짝퉁 미국인들보다 훨씬 더 사랑스러웠다. 기차는 그 밖에도 유럽인들, 특히 일본에서와 마찬가지로 확실히 상인 같아 보이는 자유로운 신분의 유럽인 혹은 관광객 같이 그보다 더 자유로운 신분에 속하는 유럽인들뿐만 아니라 또한 각종 기술직에 속하는 유럽인들로 붐볐다. 심지어 나는 한 정거장에서 작업 도구를 든 한 무리의 백인 수공업자와 기술자가 이등칸에 올라타는 것을 보았다. 꽤나 흥미 없는 지역을 하루 종일 여행했기 때문에, 저녁경 샨하이관(Schanhaikwan)[15]이라는 곳에서 여행이 끝났을 때 우리

---

15) 유명한 산하이관(山海關)이다. 주변에 느릅나무가 많아 '위관(楡關)'이라고도 칭한다. 친황다오시(秦皇島市) 동북쪽 15㎞ 지점에 위치해 있다. 중국 고대 장성의 정수를 모아 놓았다. 명대 장성의 동북부 관문 중의 하나이다. 1990년 이전에는 장성의 동쪽 끝으로 여겨져 '천하제일관(天下第一關)'이라고 칭해졌다. 만리장성 반대편 끝의 자위관(嘉峪關)과 호응하여 천하에 이름을 떨쳤다.

는 기뻤다. 기차역은 여기서도 또다시 몇 마일이나 떨어져 있는 것 같았지만, 최소한 이번에 우리는 호텔을 미리 준비해 두었다. 게다가 그것은 크고 잘 꾸며진 유럽식 호텔이었다. 그래서 이번에 우리는 드디어 외관을 다시 정돈할 수가 있었다. 심지어 루이스 씨는 연미복을 입고 저녁식사에 나타났는데, 이 호텔 손님들 중의 상당수가 그와 마찬가지로 이런 앵글로색슨 식의 식사예복을 걸치고 있었기 때문에 전혀 어색하지 않았다.

다음 날 아침, 기차 출발 전까지 꼭 한 시간 정도 호텔과 역 주변을 잠시 둘러볼 짬이 생겼다. 만약 그렇지 않았다면 우리는 하마터면 뭔가를 놓칠 뻔했다. 왜냐하면 여기에 정말로 큰 볼거리가 있었기 때문이었다. 역 바로 뒤로 산등성이가 솟아 있었는데, 그것은 우리가 어제 떠나왔던 지역과 우리 사이에 마치 경계벽처럼 위치하고 있었다. 심지어 기차는 터널도 없이 산등성이의 가장 낮은 지점에 도달하기 위해서 산 깊숙이 절단해서 만든 길을 가로질러 가야만 했다. 하지만 이 산 깊숙이 절단해서 만든 길은 우리의 시선을 붙들지 못했고, 우리의 시선은 오히려 마술에 걸린 듯 산꼭대기의 능선을 따라 이동했다. 그곳에는 보기 드문 방어벽이 솟아 있었는데, 이전에 한 번도 본 적이 없는데도 불구하고 우리 모두는 곧장 알아차렸다. 성첩(城堞)과 포문들을 끼워 넣고 거대한 탑들로 장식한 이 난공불락의 성벽이 **만리장성**일 수밖에 없다는 사실을! 무어 여사가 우리에게 성벽의 역사에 관해 설명해 줄 동안 우리는 서둘러 다음 언덕을 향해서 갔다. 성벽의 시초는 기원전 215년경에 통치했던 진시황제로 거슬러 올라가게 된다. 하지만 지금의 성벽은 1368년부터 중국을 통치한 명 왕조에 의해 건설되었다. 중국인들은 이 성벽을 만리장성이라고 부른다. 하지만 만이라는 숫자는 중국인들이 엄청난 크기를 표현하기 위해서 늘 사용해온 표현일 뿐, 만리장성은 그냥 "무지 긴" 성을 의미할 뿐이라고 한다. 성벽의 실제 길이는 3,000km로 추정되는데, 이 길이 역시도 지구상의 가장 긴 성벽이 되기에는 충분하다. 물론 이 거대한 시설은 중국을 이웃의 침략으로부터 보호하기 위해서 지어져야만 했고, 또한 확실히 수차례에 걸쳐 이러한 목적을 달성하였다. 하지만 마침내 1644년에 만주인들이 남쪽으로 이동하여 만리장성을 넘어와 나라의 통치권을 차지했다. 이제 북방과 남방 지역은 하나의 제국이 되었고, 두 지역 사이에 위치한 벽은 더 이상 의미가 없게 되었다. 그래서 그때부터 장벽은 서서히 붕괴되었고, 오늘날의 장벽은 우리 유럽의 라인강 변에 위치한 기사의 성들처럼 그 잔해만 남아 있다.[16] 무어 여사가 여기까지 말했을 때 우리는 벌써 꼭대기에 도달했고, 어디부터 먼저 쳐다봐야 할지, 여기 이 장벽부터 봐야 할지 아니면 우리 주변에 펼쳐진 전망부터 봐야 할지 알지 못했다. 실제로 성벽 건축물은 두 담 사이에 숨겨진 족히 3m 폭은 될 법한 길이었다. 돌로 포장된 산길을 오르락내리락하면, 우리는 이곳 바다에서 멀리 떨어진 모래사막까지 갈 수 있었을 것이다. 이곳 바다에서! 왜냐하면 인간의 예술품

---

16) 만리장성(The Great Wall)에 대한 무어 여사의 설명은 장성에 대한 근대 서구인의 인식을 고려해 볼 때 다소 특이하다. 아이러니하게도 '위대한 성벽'이라는 장성에 대한 인식은 서구인들이 '만리장성'에 무분별하게 열광하면서 조성되었고, 이는 근자에까지 '우주에서 육안으로 보이는 유일한 인공물'이라는 신화로 이어졌다. 17세기 이래 예수회 선교사들이, 중국문화에 동화된 가운데 전도한다는 선교전략을 채택하면서 이런 전략이 '만리장성' 숭배로 이어졌다. 볼테르와 같은 계몽 사상가들은 자신의 입장을 뒷받침하는 근거로 중국과 장성을 찬양했다. 빅토리아 시대의 열성적인 여행광이던 군의(軍醫) 조지 플레밍(George Fleming)과 그의 뒤를 이은 여행가 및 다큐 작가들은 중국의 거의 모든 것을 비하하면서도 장성만은 칭송했다. 중국 문화의 정수를 상징한다는 장성에 대한 중국인의 인식은 중국인들이 서구인의 신화적 언설을 받아들이면서 시작되었다. 20세기 쑨원(孫文), 마오쩌둥(毛澤東)의 찬사를 거쳐 일본의 침략이 본격화되면서 중국 민족을 상징하는 불멸의 존재로 확립된다. 이후 중국 민족주의, 저항, 애국주의, 위대성, 자긍심을 상징하는 코드가 되었다(줄리아 로벨 지음 / 김병화 옮김, 『장성, 중국사를 말하다: 문명과 야만으로 본 중국사 3천 년』, 웅진 지식하우스, 2007; Julia Lovell, *The Great Wall : China Against the World, 1000 BC-AD 2000*, Grove Press, 2006 참조).

보다 우리를 더 놀라게 한 것은 바로 우리 앞 동쪽에 펼쳐진 자연의 영원하고 위대한 기적이었기 때문이었다. 아침햇살의 광채 속에서 반짝거리는 황해의 가장 안쪽 모서리인 **칠리만**[17]**의 물**! 우리가 대면한 진정한 중국의 첫 도시인 이 샨하이관(山海關)은 실로 난공불락의 경계도시처럼 물과 산 한가운데에서 벽과 탑들로 잘 보호받고 있었다. 지저분한 묵덴에 대한 우리의 기억이 희미해질 정도로 바다와 도시, 성벽이 어우러져 진기하고 아름다운 한 폭의 그림을 만들어 낸 탓에, 우리는 한껏 희망에 부풀어 여행을 계속하기 위해 역으로 돌아왔다.

만리장성

---

17) 지금의 보하이만(渤海灣)을 지칭한다. 20세기 초까지 보하이만은 종종 칠리만(the Gulf of Chihli) 또는 페칠리만(the Gulf of Pechihli)으로 불렸다. 보하이(渤海)가 중국의 즈리성(直隷省)과 인접해 있기 때문에 붙여진 이름이다. 말하자면, 칠리만은 즈리하이만(直隷海灣)에서 나온 지명이고 페칠리만은 베이즈리하이만(北直隷海灣)에서 유래한 것이다.

그런데 진정 우리가 여전히 중국에 있단 말인가? 우리가 제대로 보았다면, 역은 일본군인들뿐만 아니라 기동 훈련을 받으러 떠나듯이 떠들고 노래를 불러대면서 우리 열차 칸에 올라탄 프랑스 군인들로 꽉 차 있었다. 러시아인이 우리에게 설명한 바에 따르면, 그들은 1900년의 소요[18] 이후로 중국에 주둔하는 점령군들이었다. 이렇게 해서 이번에도 역시 우리의 여행 동지들은 중국인들이 아니라 프랑스와 일본 장교들이 되어 버렸다. 그 즈음 그 지역의 바깥 풍경 역시 점차로 유럽적인 특성을 띠기 시작해서, "본연의" 중국으로 향하는 이 여행은 우리에게 점점 더 이상야릇하게 다가왔다. 정오경 우리는 독일의 라인－베스트팔렌 지방의 것과 전혀 구분이 안 되는 거대한 광산 시설들 옆을 지나갔다. 그 후 열차 양옆으로 유럽식 건축물이 점점 많아지는가 하면, 다층 석조 주택들은 공장시설들과 물품창고들로 바뀌었다. 그리고 오후에 목적지인 톈진에 도착했을 때, 우리는 오직 중국만 제외한 세계 그 어딘가에 와 있다고 생각했다. 프록코트에 실크 모자를 쓴 유럽인들이 뻣뻣하게 서로 정식으로 인사를 나눴다. 장교들은 동료들과 악수를 나눴고, 기차에서 내린 사병들은 곧장 요리 스푼 혹은 유모차를 사용하는 직업을 갖고 있다고 확신이 드는 예쁜 유럽 여자들에게 애정 표시를 했다. 유럽 노동자들과 소상인들, 일본 남녀들, 심지어는 몇몇 흑인들이 여기저기서 일하는 것이 보였다. 하지만 인도 군인들이 이 국제적인 인파 속에서 마치 영주들이 왕관을 지키듯 그렇게 자랑스럽게 질서의 파수꾼 역할을 하며 서 있었다. 그들은 큰 키에 얼굴 아래 부분이 온통 검은 수염으로 뒤덮여 있었고, 머

---

18) '의화단사건(義和團事件)'을 의미한다.

리에는 알록달록한 터번을 두르고 있었다.

　이제 우리가 진입하는 곳은 오히려 중국 도시만 빼고는 그 어떤 도시라고 해도 다 말이 될 것 같았다. 처음에는 유럽인들의 교외 가건물 구역이 나타났다. 그다음으로 우리는 양 가장자리에 독일 배와 영국 배들이 정박해 있는 황하를 건너갔다. 이제 우리는 마치 프랑스의 풍요로운 한 작은 도시로 들어선 것만 같았다. 프랑스어로 쓰인 거리 이름과 가게 간판들, 녹색 덧문과 낮은 창문틀이 달린 프랑스풍의 집들, 이 자그마한 집들에 들어가 있는 제과점, 향수 가게, 미용실, 양장점, 장신구 가게들과 같은 사업장들도 모두 프랑스풍이었다. 살짝 굽은 길을 따라가자, 프랑스풍의 도시가 영국풍의 도시로 바뀌었다. 집들은 이제 더 육중하고 더 무미건조해졌다. 가게들은 더 컸지만, 한층 더 생활용품들에 한정시켜 놓고 있었다. 화려한 은행건물들은 동아시아 무역회사의 해외 지점들로 바뀌었고, 이쪽 거리 끝에는 클럽이, 저쪽 거리 끝에는 호텔이 서 있었다. 유럽 아이들이 잔디밭에서 뛰어노는 작은 공원조차도 빠지지 않았다. 그리고 세 번째로 풍경이 바뀌었는데, 그 순간 나는 고향의 작은 도시를 통과해 지나간다고 믿었다. 그곳에는 독일 제국 체신청의 파란 우체통이 있었고, 그 위로 독일명의 파란 도로 안내판이 서 있었다. 이쪽에는 독일 미술품 상점이 있었고, 저쪽에는 독일 빵집이, 이쪽에는 재차 독일 양장점이 있었다. 그다음에는 빌라구역이 시작되었는데, 전 아시아를 통틀어서 그렇게 멋진 곳은 여태까지 본 적이 없었다. 독일 별장 양식으로 보존되어 있는 집들은 모두 청결하다 못해 반짝거렸고, 정원에 둘러싸인 채 담쟁이덩굴 혹은 포도나무 잎으로 뒤덮여 있었다. 그 한가운데에 우스꽝스럽게 독일 영사관의 깃발이 나부끼고 있었고, 마치 이 독일 공동체의 상징인 양 청동 기념물이 집들의 대열을 조화롭게 마무리했다. 우리는 내려서 청동으로 만든 녀석에게 다가갔다. 독일인 롤란트가 우리를 빤히 쳐다보았다. 하지만 그의 발치에 적힌 문구는 그가 1900 년의 전투에서 전사한 독일 군인들을 기념하기 위해서 여기에 서 있 다고 우리에게 가르쳐 주었다.

텐진의 독일 전사자 기념비

웬걸, 우리는 정녕 중국에 있는 게 아니란 말인가? 유럽의 힘과 문화의 아성인 이 톈진이 천상의 제국 땅 위에 세워진 것이 아니란 말인가? 몇 km 떨어진 곳에 천자의 거주지가 있는 성스러운 도시 베이징이 있는 게 아닌가? 이 서방 민족들의 요새가 거의 천자의 눈앞까지 뻗어 있고 그 요새 안에서 서양인들이 군주로서 지배하고 통치하는 반면에, 중국인들은 그들에게 봉사하며 밥벌이를 할 수 있다는 것만으로 기뻐해야만 했다! 중국 수도의 문턱에 위치한 이곳 개화기의 유럽식민지보다 더 생생하게, 내게 이 거대제국의 무력함과 거대민족의 곤궁함을 보여 주는 것은 아무것도 없었다. 톈진은 묵덴이 여전히 빼놓고 있던 것을 우리에게 말해 주었다. 중국의 평민들과 그들의 천자의 집 사이의 엄청난 간극, 한편으로는 최고로 풍요로운 예술과 마법과도 같은 화려함, 다른 한편으로는 만주의 수도가 나에게 보여 준 최고로 비참한 가난과 엄청나게 지저분한 황폐함. 톈진은 붕괴과정을 멈추고 민족의 체액을 쇄신하지 않으면 위협적인 이국 통치의 위험이 닥칠 것이라는 점을 오해의 여지가 없는 확실한 언어로 알려 주고 있었다. 이제 나는 왜 이 민족의 통찰력 있는 자들이 모두 개혁을 부르짖었는지, 왜 그렇게나 많은 의사들이 그 병든 민족을 구하려고 애썼는지 이해가 되었다. 하지만 확실히 내게는 그들 모두가 아직까지는 그들 민족의 상황을 호전시키지 못했다는 점 또한 보였다.

2. 베이징

첫째 날

우리는 다시 기차를 타고 중국의 수도를 향해 북쪽으로 갔다. 무어 여사가 "중국이 발전했네요."라며 대화를 시작했다. "만약 제가 처음 톈진에서 베이징으로 여행했던 20년 전이었다면, 저는 재차 가다가 중도에 거의 포기해 버렸을 거예요. 그만큼 가기가 힘들었지요. 퉁차우(Tungtschau)[19]라는 도시에 도달할 때까지 삼 일간 큰 거룻배를 타고서 파이호(Peiho)[20]를 따라 위로 올라가야 했었어요. 그다음에는 덜

---

19) '퉁저우(通州)'를 말한다. 지금의 정식 행정구역상의 명칭은 베이징시(北京市) 퉁저우구(通州區)이다. 베이징 동남부에 위치하며, 경항대운하(京杭大運河)의 최북단으로, 대운하에서 베이징으로 들어가는 관문(關門)이다. 현재 운하문화광장(運河文化廣場), 경항대운하박물관(京杭大運河博物館) 등이 조성되어 있어 중국의 운하문화를 참관할 수 있다.

20) 지금의 '하이허(海河)'를 의미한다. 황투(黃土) 고원 동쪽 끝의 타이항(太行)산맥에서 발원하여, 베이징과 톈진을 지나 황해(黃海)로 흘러 들어가는 강으로, 일대의 수많은 지류들을 통칭하기도 한다. 이전에는 바이허(白河)라고도 불렀는데, '파이호(Peiho)'라는 명칭은 여기에서 유래된 것으로 보인다.

컹거리는 수레를 타고 반나절 동안 더 가야 했고요. 그리고 그다음 날도 여전히 여행에 포함시킬 수 있었답니다. 덜커덩거림과 여행에서 오는 그 밖의 불편함으로부터 제 사지와 신경을 회복하기 위해서 종일 침대에서 보냈기 때문이지요. 십년 후에는 벌써 중국인들이 '외국화차(火車)'라고 부르는 기차가 톈진과 베이징 사이를 다녔어요. 단지 당시에는, 오늘날 여전히 묵덴에서 그래야 하듯이 수도에서 몇 m 떨어진 곳에서 기차에서 내려야만 했지요. 하지만 이번에 우리는 도시 내부, 바로 공사관 근처에 도착하게 될 거예요."

러시아인이 경멸하듯이 입을 비죽거렸다. 그 후 그가 말했다. "다 맞는 말입니다. 하지만 철도 자체는 중국의 발전에 대해서 전혀 아무 것도 증명할 수가 없습니다. 왜냐하면 여기 이 철도는 중국인들이 아니라 유럽인들이 중국인들에게 강요해서 건설한 것이기 때문입니다. 그리고 1900년 의화단 운동 때 비로소 베이징을 점령한 다국적 군대들이 기차가 도시를 관통해 지나갈 수 있도록 도시 외벽에 구멍을 뚫었지요. 하지만 일명 만주족 도시 혹은 타타르족 도시인 베이징의 심장부를 더럽히는 선로는 오늘날에도 여전히 존재하지 않습니다." 러시아인이 루이스 씨가 무릎에 펼쳐놓은 베이징 지도를 가리키며 말했다. "여기를 한번 보세요. 한족 도시라고 불리는 신도시만 철로가 관통하고 있고, 기차역은 타타르족 도시와 한족 도시를 가르는 높은 장벽 앞에 위치해 있습니다. 중국인과 발전이라! 중국인 방식대로라면, 우리 모두는 여전히 1859년 미국 공사였던 우드[21]처럼 베이징을

---

21) 독일어 원서에는 Wood로 표기되어 있으나, 우드는 미국의 정치가이자 외교가로서 1958년부터 1960년까지 주중 미국공사(駐中美國公使)를 역임했던 John Elliott Ward(1814~1902)를 지칭한다. 1959년에 제2차 아편전쟁에 따른 「中美天津條約」을 청조와 체결하였다.

여행해야 할 테지요. 그 당시 우드는 아무것도 보지 못하도록 위쪽에만 공기구멍이 나 있고 사방이 꽉 막힌 밀폐 상자에 갇힌 채로 도시로 운송되었고, 궁에서 알현을 마친 뒤에는 같은 방식으로 톈진으로 돌아가야만 했지요.”

우리는 그 이야기를 듣고 웃었고, 팔케 양은 도대체 무엇이 중국인들에게 백인과 백인들의 발명품에 대해 그러한 적개심을 갖게 만들었는지 알고 싶어 했다. “자만심.” 러시아인이 거의 화를 내듯이 말했다. “그들이 아직도 다분히 버리지 못하고 있는 지독한 자만심. 중국인들은 자신들의 나라를 세계의 중심으로, 자신들을 일종의 선택받은 민족으로 여기지요. 반면에 그들에게 우리 유럽인들은 마음속 가장 깊이 경멸하는 야만인에 불과합니다. 게다가 그들은 자신들의 황제를 천자(天子)라고 부릅니다. 그리고 평범한 보통 중국인들은 감히 눈을 들어 황제를 바라볼 엄두를 내서는 안 됩니다. 황제가 외출하게 되면, 서민들 중 그 누구도 황제를 쳐다보지 못하도록 거리들은 통제되고 모든 창문들은 닫혀야만 합니다. 자, 그러니 그들이 우리 외국인들에게 자신들의 수도와 황궁으로의 출입을 힘들게 만드는 것도 무리가 아니지요.”

“또 중국인들이 사로잡혀 있는 미신도 잊어서는 안 되지요.” 무어 여사가 계속 말을 이었다. “중국인들은 이 세계가 영혼으로 가득 차 있다고 생각합니다. 특히 그들은 자신들의 선조와 조상들이 계속 영혼세계에 살고 있어서 그들을 지속적으로 기분 좋게 해 드리지 않으면 자신들에게 큰 화를 불러올 수도 있다고 믿지요. 하지만 조상을 기분 좋게 해 드리는 것은 사실상 조상의 몸을 모시는 묏자리에 달려 있기 때문에, 이 나라에서는 죽은 자의 묘를 쓰기에 적합한 장소를 찾는 것이 승려의 주요 업무랍니다. 한번 망자를 안장하면 당연히 그 장소는 결코 더럽혀져서는 안 되지요. 그것은 망자의 혼을 극도로 모욕하는 일이 되니까요. 톈진에서 베이징으로 가는 길목 사방이 씨를 뿌린 듯이 온통 무덤으로 뒤덮여 있다고 한번 상상해 보십시오. 그러면 여러분은 낯선 기술자들이 땅에 일직선의 선로를 깔 때 이들 민족에게 어떤 동요가 있었는지를 짐작할 수 있을 테지요. 그 작업을 마치기 위해서 계몽된 공무원들의 과도한 엄격함 외에도 많은 뇌물과 마지막으로 군인들의 총검이 동원되어야만 했습니다.”

“하지만 가장 주된 원인은 중국 민족의 자만심이지요.” 러시아인이 말을 꺼냈다. “자만심이 어찌나 강한지, 중국인들은 심지어 마치 상대방에 대해 아무것도 알고 싶어 하지 않는 듯이 서로에게 폐쇄적인 태도를 보입니다. 중국인들보다 더 폐쇄적인 사람들도 없을걸요. 우리는 그들이 어떻게 장벽으로 자신들의 나라 전체를 외부세계와 차단시켰는지 이미 보았습니다. 그 외에도 중국의 모든 도시는 성벽으로 에워싸여져 있습니다. 저희 유럽에서는 요새들만 성벽에 둘러싸여 있지요. 하지만 이것이 다가 아닙니다. 중국에서는 집들조차 마치 성처럼 담이 쳐져 있고, 중국인이 부유해졌을 때 가장 황급히 서둘러서 하는 일은 첫 번째 담 주위로 두 번째 담을 하나 더 만드는 것이지요. 서민 생활에서도 그들은 가능한 한 서로 간의 교제를 피합니다. 그 어디에도 중국처럼 그렇게 비밀결사가 많은 나라도 없을 겁니다. 이들 결사들은 자주 전쟁을 일으켜 생사를 걸고 싸우지요. 중국인들의 옷을 한번 보세요. 그들은 가운 위에 또 가운을 겹쳐 입고 발끝에서 머리끝까지 자신들을 단추로 꼭꼭 채워 두지요. 그게 바로 중국인의 온전한 성격입니다.”

"저는 이러한 냉담함을 자만심에서 끌어내고 싶지는 않네요."라고 무어 여사가 대꾸했다. 그녀는 v. Z. 씨가 중국인들을 싫어하는 만큼이나 중국인들에게 호의를 갖고 있었다. "중국인들에게는 원래 일종의 보호막 뒤로 피신하려는 경향이 있을 뿐이에요. 아마도 그들은 이 지역으로 이주하기 이전 고향이었던 춥고 황량한 아시아 내륙의 산악지대로부터 물려받은 유산을 여전히 갖고 있는 것이겠지요. 좌우간 만약 한 번이라도 중국인 집 담 뒤로 들여다보게 된다면, 당신은 깜짝 놀랄 것입니다. 거기서 당신은 대개 모범적인 질서와 청결함을 발견하게 될 것입니다. 또한 형편이 되는 중국인이라면 누구나 자신의 정원을 나무와 꽃들로, 방을 동상과 조각품들로 꾸밉니다. 당연히 외부적으로 중요한 역할을 담당하는 담조차 가능한 한 아름답고 조화롭게 만들지요. 만리장성이 어떤 건축학적인 예술작품인지, 당신도 이미 직접 보셨지요. 여기 이 베이징 지도를 한번 보세요. 이 지도를 보는 것은 바로 수학적 향유나 다름없지요. 먼저 당신은 1644년 만주족 정복자들이 중국을 정복했을 때 이주한, 거의 정사각형에 가까운 타타르족 도시를 발견하게 됩니다. 이 도시의 중앙에는 궁정의 관료들과 신하들이 살고 있는 두 번째의, 또다시 거의 정사각형에 가까운 황제의 도시가 있습니다. 그리고 이 도시의 한가운데에는 아름다운 세 번째 성벽 테두리 뒤로 마침내 천자와 그의 가족들이 사는 정사각형의 자금성이 있습니다. 이 정사각형 뒤편에는 소위 석탄언덕[22]이라고 불리는 베이징에 있는 유일한 언덕이 있는데, 황제가 그 언덕에 오르게 되면 그는 정확히 자신의 거대한 수도의 정중앙에 서있는 셈

---

22) 중국어로 '석탄산'이라는 뜻의 '메이산(煤山)'이라고 하는데, 베이징 중심부에 위치한 징산공원(景山公園) 안에 있는 지금의 '징산(景山)'을 가리킨다.

이지요. 한족들은 예전에는 타타르족 도시에 정착하면 안 되었기 때문에, 대신 도시 외벽 앞의 시골로 만족해야만 했습니다. 하지만 여기에서도 한족들은 도시 외벽 발치에 무질서하게 자리 잡지 않았습니다. 한족들의 도시는 오히려 또 하나의 사각형을 이루며 일종의 도시 앞의 신도시로서 타타르족 도시에 완전히 대칭이 되도록 덧붙여지게 되었지요. 이제 도시 전체가 얼마나 정확히 동서남북 네 방향을 향해

황쓰(黃寺)24)

서 자리 잡고 있는지를 유념해서 보세요. 유럽의 어떤 토지 측량사도 이처럼 수 마일에 달하는 장벽들을 정확하게 북에서 남으로, 동에서 서로 이어 갈 수는 없을 거예요. 매번 제 발이 베이징 땅을 밟을 때마다 고귀한 조화로움과도 같은 느낌이 저를 감동시킵니다. 제 주위를 에워싸고 있는 잘 계산된 비율과 조화로운 간격들을 느끼게 되면, 거의 고딕 성당의 숭고한 홀에 들어선 것과 같은 엄숙한 기분을 맛보게 되지요."

"전부 아주 멋지고 아름답군요." 이번에는 우리 일행 중 실무에 밝은 미국인 루이스 씨가 말하기 시작했다. "하지만 저는 아직도 왜 중국인들이 하필 자신들의 거대한 나라의 북쪽 지역인 이곳에 수도를 만들었는지 잘 이해가 되지 않습니다. 예를 들어, 상하이 혹은 더 좋게는 양자강 유역의 산업도시인 '한카우(Hankau)24)'의 입지가 더 유리할 텐데요."

하지만 그 때 무어 여사와 러시아인이 동시에 고개를 저었다. 러시아인이 말했다. "세 왕조, 즉 동북지역으로부터 와서 중국을 지배한 타타르족 왕조25)와 몽골족 왕조,26) 그리고 현재의 만주족 왕조는 당

---

23) 칭징화청쓰(淸淨化城寺)를 말한다. 시황쓰(西黃寺)라고도 했다. 베이징 안딩먼(安定門) 밖의 황쓰다제(黃寺大街)에 위치한 라마불교(티베트불교) 게룩파(Dge-lugs-pa) 사원이다. 사원 안의 칭징화청탑(淸淨化城塔)은 베이징의 4대 금강보좌식(金剛寶座式) 탑의 하나이다. 시황쓰는 1651년(順治 8年)에 지어졌는데, '달라이라마'나 '판첸라마'가 베이징에 왔을 때 머물 수 있도록 지어 준 것이어서, '달라이라마 사원'이라고도 불렀다. 중국에서는 라마불교 게룩파를 속칭 황교(黃敎)라고 불렀기 때문에, 칭징화청쓰를 황쓰(黃寺)라고도 불렀고, 동쪽에 위치한 둥황쓰(東黃寺)와 구별해 시황쓰(서황사)라고 불렀던 것이다. 둥황쓰는 일찍이 파괴되어 지금은 전해지지 않고 있다. 1782년(乾隆 47年) 시황쓰에서 입적한 6세 판첸라마를 기념하기 위하여 사원 안에 6세 판첸라마의 의관탑(衣冠塔)을 만들고, '칭징화청탑(淸淨化城塔)'이라고 칭했다. 속칭 '판첸탑(班禪塔)'이라고도 불렀다. 현재 시황쓰는 중국 티베트어 계열의 고급불학원(高級佛學院)으로 쓰이고 있어, 매년 티베트와 내몽골 등에서 활불(活佛) 고승(高僧)이 이곳으로 와 교육을 받는다.

24) 한커우(漢口)를 말한다. 우한시(武漢市)의 상업 중심 지역으로, 우창(武昌), 한양(漢陽)과 함께 우한삼진(武漢三鎭) 중의 하나이다. 창장(長江) 서북, 한수이(漢水) 이북 지역에 위치해 있다. 창장을 사이에 두고 동남쪽의 우창과 마주 보고 있고, 한장(漢江)을 사이에 두고 남쪽의 한양과 마주 보고 있다. 한장(漢江)의 물이 창장으로 들어가는 입구에 위치해 있어 한커우(漢口)라는 이름을 얻었다. 제2차 아편전쟁 이후 톈진조약에 따라 서구 열강은 내지에 몇 곳의 개항장을 추가하였는데 그중의 한 곳이 한커우이다. 1860년대 한커우에는 영국, 러시아, 프랑스, 독일, 일본의 조계가 설치되었고, 이후 경제가 빠른 속도로 발전하여 '동방의 시카고'라는 별칭을 얻기도 하였다.

연히 자신들의 고국으로부터 멀리 떨어지고 싶지 않았던 거지요. 하지만 중국 북쪽 지역 그 어느 곳에도 베이징이 건설된 이곳 외에는 자연적으로 대규모 이주에 적합한 지역이 없었던 것입니다. 베이징시는 두 개의 큰 배가 다닐 수 있는 강, 훈호(Hunho)[27]와 파이호(Peiho, 海河) 사이 중앙에 위치하고 있어서 두 개의 강에서 쉽게 도달할 수 있으면서도, 자주 발생하는 범람으로부터는 안전할 만큼 충분히 이 강들로부터 떨어져 있습니다. 베이징은 바다까지 뻗어 있는 넓고 비옥한 평야에 자리 잡고 있지만, 북쪽 야만족들의 습격으로부터 높은 장벽보다 더 잘 지켜 줄 수 있는 산들이 뒤에 버티고 있지요."

무어 여사가 덧붙였다. "당신이 언급하셨던 다른 도시들과 연관지어 보면, 상하이는 생각조차 할 수 없습니다. 상하이는 큰 상업 도시이기는 하지만, 바다로부터 쉽게 공략당할 수 있어서 그 어떤 통치자도 그곳에 살고 싶어 하지 않을 겁니다. 한카우(漢口)는 지난 10년 사이에 비로소 대도시가 되었지요. 만약 당신이 상하이와 한카우 사이에 있는 난징(南京)이라는 이름을 댔더라면 차라리 들을 만했을 겁니

---

25) 문맥상 거란족(契丹族)이 세운 요(遼)나라를 의미한다. 사실 타타르(Tatar)라는 명칭은 근대 이전 서구인에게 유라시아대륙 북방 초원지대에 사는 유목민족을 통칭하기도 했다. 당시 대부분의 유럽인들이 그렇게 불렀듯이 마르코 폴로도 '몽골'을 '타타르'라고 불렀다. 17년간이나 원(元)나라에 머물렀던 마르코 폴로가 '몽골'을 구별하지 못할 리 없음에도 마르코 폴로가 '몽골'을 '타타르'라고 한 것은 아마 '몽골'이라고 했을 경우 그것이 무엇인지 몰랐을 유럽 독자들을 배려해서 그렇게 했을 수 있다(김호동 역주, 『마르코 폴로의 동방견문록』, 사계절, 2000, 73쪽 참조).

26) 몽골족의 원(元)나라를 의미한다.

27) 베이징 남서부 융딩허(永定河)의 별칭인 훈허(渾河) – 랴오닝성(遼寧省)의 훈허(渾河)와는 다름 – 를 지칭한다. 융딩허는 원·명대(元·明代) 이래 훈허(渾河), 샤오황허(小黃河) 등의 별칭으로 불렸다('CNKI中國工具書網絡出版總庫' 참조). 산시성(山西省) 북부의 닝우현(寧武縣)에서 발원하여 허베이성(河北省)에서 양허(洋河)와 합류하고, 베이징 남서부 교외를 관류하여 톈진에서 하이허(海河)로 흘러든다. 황토지대를 흘러 다량의 황토를 함유하고 있고 따라서 물이 혼탁하기 때문에 '훈허(渾河)', '샤오황허(小黃河)'라는 별칭이 생긴 듯하다. 또한 예로부터 하도(河道) 없이 흘렀기 때문에 '우딩허(無定河)'라고 했다. 청대 강희제(康熙帝)가 치수사업을 시행하면서 '융딩허(永定河)'로 개명하였으나 '영원히 고정된 하도(河道)'를 만들지는 못하였다.

다. 난징은 난공불락의 대도시고 또한 수세기 동안 제국의 수도였지요. 하지만 우리 공사들은 난징에 살지 않아도 되어서 기쁠 수도 있지요. 난징은 대하가 가까이 있어서 여름에는 습도가 높고 참을 수 없는 더위가 덮치거든요. 베이징은 건조하고 건강에 좋은 기후와 원기를 북돋우는 맑은 공기를 갖고 있지요.”

갑자기 팔케 양이 환호성을 지르며 펄쩍 뛰어올랐다. “저기 벌써 산들이 있어요!” 그녀가 소리쳤다. “한번 보세요, 얼마나 예쁜지!”

우리는 모두 창가로 가서 팔케 양이 가리키는 북서쪽 방향을 쳐다보았다. 열차 옆의 기장밭이 덤불숲과 초원으로 변했다. 무어 여사의 설명에 따르면 그것은 황제의 사냥터였다. 가을로 물든 관목들과 초원 위에 자욱이 피어오른 엷은 안개를 지나 지평선으로 시선이 옮겨갔다. 이곳은 내가 일본을 떠난 이래 처음으로 다시 숭고한 자연현상의 장관을 즐기게 된 곳이었다. 석양의 자색 빛을 뒤집어쓴 장벽 같은 산이 그곳에 놓여 있었다. 그 어디에도 숲이 헐벗은 바위를 융단처럼 뒤덮고 있는 곳은 없었지만, 그럴수록 이 산의 높고 깊음, 산꼭대기와 분지가 더 입체적으로 드러났다. 주변 여기저기에 탑이 위엄 있게 서 있었다. 이제 저 멀리 긴 직선 형태의 높은 도시 성벽이 나타났을 때, 나는 무어 여사가 말했던 장엄한 분위기의 징후 역시 감지했다. 이제 해가 서쪽 어딘가로 져 버려서 저 멀리 산들은 어두워졌고 우리를 둘러싼 평지에는 검은 장막이 드리워졌다. 십분 후 높은 성벽을 통과할 때, 우리는 그 건축물의 윤곽을 거의 알아볼 수가 없었다. 성벽 저편으로 경작되지 않는 밭들이 이어졌다. v. Z. 씨는 그것이 거주자가 고대하는 한족 도시의 건축 부지라고 했다. 그다음으로 우리들 오른쪽으로 더 높은 두 번째의 성벽 그림자가 떠올랐다. 우리는 주위에서 전깃불이 빛날 때까지 기차를 타고 그 성벽을 따라갔다. 기차가 멈췄고, 우리는 베이징에 도착했다.

물론 이날 밤 우리는 이제 중국이라는 세계의 정중앙에 와 있다는 사실을 거의 눈치채지 못했다. 우리는 유럽 기차역에서 도시 성문을 지나, 유럽인들만 출입 가능하고 연미복을 입고서 식사자리에 나타나야 하는 근처의 대형 호텔로 갔다. 저녁 식사 후 호텔 로비에서 예술품을 보여 주던 사기꾼과 청동상과 자수품들을 팔려고 내놓은 상인이 우리가 얼굴을 마주한 유일한 중국인들이었다. 그들 둘 다 우리에게서 아무것도 벌어들이지 못했다. 우리는 그저 정확히 다음 날 아침 떠나기로 합의만 한 뒤, 고향에서 온 편지들을 읽기 위해서 방으로 돌아갔다. 나는 좋은 소식만 받았고, 곧 내 여행의 순조로운 경과에 대한 보고로 답장을 쓰기 시작했다. 집에 남은 사랑하는 사람들로부터 좋은 기별을 받았을 때와 마찬가지로 여행 중에는 결코 잠을 잘 이룰 수가 없다.

둘째 날

다음 날 아침 여섯 시가 되자, 벌써부터 환한 햇살이 나를 더 이상 침대에 누워 있도록 내버려 두지 않았다. 나는 벌떡 일어나 햇빛이 쏟아지듯 환히 비추는 세계를 보기 위해서 창가로 갔다. 하지만 그곳에는 몇몇 유럽식 건물들의 뒤뜰과 그 위로 위협하듯이 솟아 있는 높은 성벽 외에는 아무것도 볼 수가 없었다. 보아하니 그것은 타타르족 도시 성벽 같았다. 두 개의 넓은 오르막길이 비스듬하게 성벽으로 나 있는 것을 발견하고서, 나는 틀림없이 그 위쪽에서 전체를 조망할 수 있을 거라고 스스로에게 말했다. 결심하고서 삼십 분 뒤 나는 베이징

베이징시 성벽 위의 성문 탑

시 성벽으로 나 있는 길을 따라 걸어 올라갔다.

그러자 나는 위쪽의 이상한 길 위에 서 있게 되었다. 그것은 정말 길이었다. 약 11m 넓이에 대략 땅 위 13m 높이에 만들어진 이 돌길. 그런데 돌 틈으로부터 풀과 덤불들이 자라나 빽빽하게 우거져서 중앙에 걸어갈 수 있을 만큼의 좁은 길 하나만 남겨져 있었다. 하지만 그 대신에 자연적으로 만들어진 구릉에서처럼 또한 키 큰 녹색 식물들과 그 속에 핀 각양각색의 가을꽃들 사이를 거닐 수 있어서, 내 눈은 이 길이 어두운 성벽의 뒷면일 뿐이라는 사실을 완전히 잊었다. 당연히 나는 처음에 잠시만 그 길에 시선을 던졌다. 왜냐하면 다음 순간 내 발 아래 펼쳐지는 광경이 온통 내 주의를 끌었기 때문이었다. 이 무슨 진기한 굉장한 세계람! 내 바로 아래쪽에 나무로 꾸민 정원들과 성과 같은 뜰에 파묻힌 하얀 궁궐들, 모든 유럽의 힘과 화려함이 집결된 구역이 의기양양하게 서 있었다. 그곳은 분명 세계적으로 유명한 공사관 구역28)이었다. 1900년 의화단 운동 때 그토록 철저했던 포위를 견뎌 낸 그곳은, 그 이후로 지구상의 모든 강대국의 군사들로 채워졌다. 실제로, 저 위쪽에 그 유명한 붉은색 유니폼을 입은 한 영국 보병이 이리저리 왔다 갔다 하고 있었다. 저쪽 높은 장벽 앞에는 한 작은 일본 방위병이 서 있었고, 이 아래쪽 뜰에서는 미국 중대가 거친 기마복 차림으로 연습 중이었다. 이 모든 것이 나를 매료시키긴 했지만, 그보다도 훨씬 더 아름다운 볼거리가 있었다. 저기 공사관 구역 뒤 신록들 사이로, 완전 금색 지붕들로 가득한 도시가 황금 바다처럼 번쩍거리며 빛을 발하고 있었다! 손으로 눈을 가리고서야 비로소 그 멋진 광경이 어떻게 생겨났는지를 알게 되었다. 저편의 지붕들, 집과 사리탑의 지붕들과 성벽 위에 서 있는 망루의 지붕들 전부가 광택을 많이 낸 황금 기와들로 덮여 있었다. 하지만 중국에서는 황제의 건축물만이 황금기와를 사용할 수 있다. 즉 저쪽에서 아침

---

28) '사관구(使館區)', 'Legation Street(使館街)', '둥자오민샹(東交民巷)' 등으로 불린다. 제2차 아편전쟁 이후 서구제국주의 열강은 앞다투어 베이징 동남부의 둥장미샹(東江米巷) 지역에 대사관을 개설하고, '둥장미샹'을 '둥자오민샹(東交民巷)'으로 개명하였다. 둥자오민샹이 정식으로 '공사관 구역'이 된 것은 의화단운동이 진압되고 체결된 '신축조약(辛丑條約)'에 의해서이다. '신축조약'에 의하면, "각 대사관은 경계(境界) 안을 전용 거주 구역으로 삼아 각 대사관이 독자적으로 관리하고, 중국인은 누구라도 경계 안에 거주할 수 없으며, 대사관은 스스로 경비(警備)를 세울 수 있다."고 규정하였다. 이로써 둥자오민샹 지역은 외국 대사관이 스스로 관리하는 '국중지국(國中之國)'이 되었고, 각국 대사관은 군대를 파견하여 수비하였으며, '허락 없이 들어오는 사람은 사살할 수 있다'는 포고문을 붙였다.

햇살을 받아 황금빛으로 찬란하게 빛나는 것은 다름 아닌 황제의 처소 **자금성**이었다. 그곳에는 천자가 신성하게 격리된 채 살고 있었는데, 이는 중국인들이 그것이 천자에게 가장 걸맞다고 여겼기 때문이었다. 내게는 황제가 마치 황금새장에 갇힌 새처럼 여겨졌다. 나는 서글픈 수식어인 "고독한 남자"가 실제로 황제의 무수한 칭호들 중의 하나라는 사실을 기억해 냈다. 중국에서 이미 강력하게 문을 두들겨대는 새로운 시대가 이 찬란하면서도 비참한 상황을 종식시키지는 않을까?

대략 한 시간 후 높은 데서 새처럼 내려다보던 시점을 다시 일상적인 시점으로 바꾼 뒤, 나는 베이징의 가장 주요한 명소들로 우리를 데려가게 될 차에 여행 동행자들과 함께 앉아 있었다. 물론 차는 맨 먼저 공사관 구역을 지나갔다. 자신이 마지막으로 방문한 이후로 그 구역의 모습이 많이 변한 탓에 무어 여사는 놀라움에서 헤어나지 못했다. 거의 모든 강대국들이 자신들의 터를 더 넓히고 더 아름답게 만들었다. 오늘날 벌써 중국인들이 상당 부분 자만심을 버리고 우리 유럽인들과 한층 대등한 관계로 이전보다 더 많은 교류를 할 때에, 유럽의 권력수단인 공사관들의 이렇듯 화려한 배치는 분명 한몫을 한다. 그다음으로 북쪽으로 이동해 중국인들의 베이징에 도달했을 때, 내 앞에 있던 그곳은 반대로 놀라움의 연속이었다. 이게 바로 내가 성벽에서 내려다보았던 빛과 색으로 가득했던 그 도시란 말인가? 소생하는 듯한 신록과 반짝이는 기와지붕들이 사라졌을 뿐만 아니라, 썰렁한 벽, 게다가 형편이 넉넉지 않아 보이는 자들의 소박한 집들이 역시나 거부하는 듯한 벽 뒤에 숨겨져 있었다. 거리 자체는 정확히 묵덴에서처럼 더러움과 오물, 짖어대는 개들과 꿀꿀거리는 돼지들로 가득했다. 하지만 이상하게도 이번에 우리는 이 더러움과 오물에 전혀 신경 쓰지 않았다! 우리의 눈은 이 거리를 가득 메우며 분주하게 오가는 각양각색의 사람들을 관찰하느라 몹시 바빴다. 파란색과 흰색의 긴 작업복을 입고 이미 화려한 색의 향연을 제공하며 오가는 인파들 속에서 가장 특이한 물건들이 눈에 띄었다. 또다시 그곳에는 안퉁에서 알게 된 바퀴가 중앙에 달린 손수레들이 있었는데, 단지 여기서는 벽돌 대신에 치장한 중국 여인들이 바퀴 양옆에 앉아 있었다. 그 다음으로는 내가 만주 전역에서 덜컹거리며 가는 것을 보았던 저 파란 손수레의 행렬들이 거기에 있었다. 손수레들은 때로는 아름다운 작은 몽골말, 때로는 용감한 버새에 묶여 있었다. 이제 의기양양한 기마행렬 속에 진짜 청나라 고관이 지나갈 때 우리가 어찌나 눈을 크게 떴던지! 맨 앞에는 검은 제복에 냄비 뚜껑 같은 빨간 모자를 쓴 열두 명의 무장한 자들이 말을 타고 지나갔다. 그 뒤로 열두 명의 운반인들이 금장식을 두른 붉은 가마를 메고 지나갔는데, 그 안에는 창문 뒤로 예의 그 권력자가 앉아 있었다. 행렬의 마지막은 또다시 검은 제복을 입은 열두 명의 기수들이 장식했다. 러시아인이 흥분해서 "단추 보셨어요?"라고 물었다. 우리가 놀라서 그를 쳐다보자 그는 우리들에게 다음과 같이 설명했다. "가마에 타고 있던 남자의 모자에 달려 있던 것은 매끈한 붉은 산호 단추인데, 그것은 중국 관료층에서 가장 높은 지위를 암시합니다. 저기 우리 곁을 지나간 자는 최소한 장관이었을 것입니다." 가마에 존경의 눈길을 던질 새도 없이 벌써 또 다른 새로운 행렬이 나타났다. 중국 기병 소대가 말을 타고 지나갔다. 나는 붉은 휘장을 단 그들의 노란색 상의 제복이 일본 제복과 아주 흡사하지만, 그들의 얼굴과 행동은 비호전적이라는 점을 알아차렸다. 일본 군인들을 이 중국 군인들과 같은 선상에 놓는 것 자체가 일본인들에 대한 모욕일 정도로 말이다. 하지만 무어 여사는 십오 년 전에는 중국 전역에서 지금의 기병대처럼 일사불란해 보이고 정확하게 박자에 맞춰 말을 타는 기병 소대를 모집하지는 않았을 것이라고 주장했다. 또한 그녀는 많은 군인들, 명백히 주로 장교들이 변발하지 않은 개혁파에 속한다는 사실을 확인하고는 놀라워했다. 현재의 혼란은, 현대식 중국 군대가 상당 부분 혁명 사상의 지지자이긴 하지만 용감함과 규율이라는 부분에서는 아직 개선의 여지가 많다는 점 또한 입증해 주었다.

"이제 우리 두 분 독일인을 위한 것이 나타납니다."라고 러시아인이 말하며 이제 막 우리가 도달한 대형 대리석 아치를 가리켰다. 그것은 곡선 지붕을 덮은 세 개의 문이 있는 아름다운 건축물이었다.

케텔러 기념 아치

각각의 문 위에 문구가 쓰여 있었는데, 특히나 우리가 가까이 들여다보고 알아챘듯이 중앙 문 위에는 중국어로, 왼쪽 문 위에는 라틴어로, 오른쪽 문 위에는 독일어로 적혀 있었다. 독일어 문구는 다음과 같았다. "이 기념물은 중국 황제 폐하의 명령에 따라 1900년 6월 20일 이 장소에서 무자비한 살인자의 손에 의해 살해된 독일 황제의 외교사절 클레멘스 폰 케텔러(Klemens von Ketteler)[29] 남작의 이름을 영원히 기억하기 위하여, 그리고 이러한 무도한 행위에 대한 황제의 분노를 지속적으로 증명하고 모두에게 경고하기 위해서 건설되었다." 우리는 러시아아인이 말을 꺼낼 때까지 심각했던 세계사의 한 순간을 기념하는 이러한 문구 앞에서 진지해졌고 침묵했다. "당신들의 독일인 사절은 최소한 헛되이 죽지는 않았습니다. 1900년의 싸움 이래로 중국인들은 우리 유럽인들에게 치유 효과가 있는 존경심을 표합니다. 다음번에 그들이 반란을 꾸미게 된다면, 그것은 자신들의 부패한 황실에만 해당되지 자국에 거주하는 외국인들에게는 해당되지 않을 것입니다." 1910년에 러시아아인이 그렇게 말했었는데, 1911년에 그의 예언이 정말 그대로 실현되었다.

---

29) 클레멘스 폰 케텔러(Klemens von Ketteler, 1853~1900)는 독일의 외교관으로서, 1881년에 중국에 와서 광저우(廣州) 등의 영사를 역임하다가, 1899년에 주중공사(駐中公使)로 부임하였다. 의화단운동이 한창이던 1900년 6월 20일 케텔러 공사는 독일 경비대의 호위를 받으며 청조(淸朝)의 외교부에 해당되는 총리각국사무아문(總理各國事務衙門)으로 가고 있었다. 둥단(東單) 파이러우(牌樓)를 지날 때에 청나라 황궁수비대와 충돌이 벌어졌고 총격전 끝에 피살되었다. 1901년 '신축조약(辛丑條約)'에 의거, 청조는 춘칭왕(醇親王)을 독일로 보내 사과하였고, 둥단(東單) 파이러우(牌樓)에 '케텔러 기념 아치'를 세워 주었다. 1918년 11월, 독일이 제1차 세계대전에서 패배하자, 베이징 사람들이 '기념 아치'를 철거하여 중앙공원(中央公園, 지금의 中山公園)으로 옮기고, '공리전승(公理戰勝) 기념 아치'라고 이름을 바꾸었다. 중화인민공화국 수립 이후, 1953년에 열린 '아시아 및 태평양지역 평화회의'에서 세계평화를 지키는 데에 기여한 중국인의 공헌을 표창하기 위하여, '공리전승 기념 아치'라는 명칭을 '보위평화비(保卫和平碑)'로 고치기로 결정하였다. 중국어로는 '커린더비(克林德碑)'라고 한다.

만주족 또는 타타르족 도시에서

하지만 지금은 정치적인 고찰을 할 때가 아니었다. 우리가 탄 차가 넓은 대리석 문을 통과하자, 우리는 더 이상 타타르족 도시가 아닌 황제의 도시에 와 있었다. 사물 자체보다 이름이 더 많은 것을 말해 주었다. 왜냐하면 우리가 본 것은 온통 붉은 기와로 만든 일련의 장식 없는 건축물들이었고, 뒤 배경에 서 있는 같은 재료로 만든 담 또한 너무 높아서 그 뒤쪽 세상의 지붕 꼭대기 하나조차 감지할 수 없었기 때문이었다. 그래서 우리는 호기심을 억눌러야만 했다. 온갖 화려함을 갖춘 황제의 처소는 우리에게는 "금지된 도시"였다. 하지만 붉은 건물들과 붉은 담 사이로 넓은 길이 나타나자, 우리는 이제 그 길로 접어들었다. 딸랑딸랑하며 새로운 행렬이 우리 쪽으로 다가왔다. 그것은 대략 스물네 마리의 낙타 행렬이었는데, 모두 등에 상자와 포대를 무겁게 싣고 있었다. 첫 번째와 마지막 동물은 목에 작은 종을 달고 있었다. 혹 달린 동물의 장중한 걸음을 은방울처럼 울려대는 낭랑한 소리가 경쾌하게 따르고 있었다. 우리가 여전히 행렬을 구경하고 있을 동안 우리 차는 벌써 붉은 담의 북쪽 모퉁이를 돌았고, 이제 우리에게 최소한 자금성의 뾰족한 끝이 드러나 보였다. 베이징시 전체의 심장부인 **석탄언덕**이 우리 눈앞에 놓여 있었다. 언덕 자체는 숲으로 덮인 구릉 이상은 아니었다. 하지만 마침내 그 언덕 위로 이미 도시 성벽에서부터 내 눈을 찌르던 금색 지붕들이 우리를 향해 빛나고 있었다. 이곳 가까이에서는 그것이 금색 광채를 뿜어내는 광택 많은 노란색 기와인 것이 똑똑히 보였다. 게다가 팔케 양은 담을 넘어 길 위로 떨어진 기와 조각을 하나 줍는 행운까지 얻었다. 우리는 그 기와를 들고 차로 가서 황제의 소유물인 그것을 찬찬히 들여다보았다. 표면에 기이한 괴물, 중국이라는 나라의 상징물이자 황제의 문장 동물인 용이 양각으로 새겨져 있었다. "용을 보면 그 기와가 황제의 소유라는 것을 알 수 있지요." 무어 여사가 우리에게 가르쳐 주었다. "즉 황제만이 여기처럼 다섯 개의 발톱을 가진 용을 문장에 사용할 수 있답니다. 다른 중국인들은 발톱이 네 개만 있는 용으로 만족해야 하지요." 팔케 양은 기와 조각을 조심스레 가방에 숨겼고, 그 사이 미국인은 석탄언덕을 열심히 살펴보다가 이제야 "저는 저 산이 왜 석탄언덕인지 여전히 이해가 안 되네요. 석탄의 흔적은 찾아볼 수도 없어요."라고 말했다. 그러자 러시아인이 설명해 주었다. "당신 말이 맞아요. 그 이름은 몽골인들이 베이징을 포위할 경우에 대비해 충분한 연료를 확보하기 위해서 여기에 석탄을 쌓았다는 소문에서 유래하지요. 사실 그 언덕은 자금성 안에 인공적으로 만든 두 개의 연못의 흙들로 이루어졌답니다." "이 전설보다 더 중요한 것은 이 언덕과 관련된 실제 역사랍니다." 무어 여사가 다시 입을 열었다. "여기서는 보이지 않는 언덕 아래쪽에 사슬에 묶인 채 말라 버린 나무가 한 그루 서 있습니다. 그 나무에 청나라 이전에 중국을 지배한 명나라의 마지막 황제가 목을 매고 죽었지요. 사연인즉 이렇답니다. 1628년에 만주인들과 함께 일을 도모한 반란군[30]이 베이징으로 몰려왔을 때, 황제 숭정제(崇禎帝)가 사원으로 가서 신들에게 어찌해야 하냐고 물었습니다. 꼭 필요한 제물을 바치자, 신들은 황제에게 세 개의 대나무 막대기들 중에서 하나를 뽑아야 한다는 계시를 내렸습니다. 황제가 가장 긴 막대기를 뽑으면 반란군들을 향해 진격하고, 중간 길이의 막대기를 뽑으면 궁에 머무르면서 기다리고, 가장 짧은 막대기를 뽑으면 폭도들이 그를 죽이기 전에 스스로 자결해야 한다고 말이지요. 숭정제는 가장 짧은 막대기를 뽑게 되었습니다. 그는 사원을 끝없이 저주하며 궁으로 돌아갔지요. 그런데 다음 날 아침 황제는 석탄언덕 발치에 있는 나무에 목을 맨 채 발견되었답니다. 그 벌로 중국인들은 그 나무를 사슬로 묶었고, 곧 그들 사이에 사슬이 언젠가 풀리거나 나무가 어떤 식으로든 훼손되면 청 왕조의 몰락이 다가올 것이라는 믿음이 생겨났습니다." 러시아인이 심술궂은 미소를 띠며 끼어들었다. "나무가 더 이상 존재하지 않는다는 사실도 알고 계세요? 1900년에 유럽 군인들이 자금성을 점령하고 약탈할 때 사슬과 함께 그 나무를 제거한 게 틀림없습니다." 무어 여사는 놀라서 잠자코 있었고, 러

---

30) 문맥상 명조(明朝)의 마지막 황제인 숭정제(崇禎帝)를 자결로 이끈 반란군은 이자성(李自成)의 농민반란군을 의미한다. 만주족의 후금(後金)이 명조를 지속적으로 압박하던 상황에서, 1644년 이자성은 시안(西安)에서 '대순(大順)'을 건국하고 황제가 되었다. 그리고 베이징을 향해 진격하였다. 4월에 이르러 베이징을 포위하였고 관군은 속속 이자성에게 투항하였다. 결국 4월 25일에 베이징이 함락되자 숭정제는 처첩과 딸을 죽이고 자신도 징산(景山)에서 자살하였다. 따라서 '만주인들과 함께 일을 도모한 반란군들'이 베이징으로 몰려왔을 때는 1628년이 아니고, 1644년이다. 여행기의 저자가 잘못 알고 있었거나 착각한 듯하다.

베이징의 라마교 사원

시아인만이 말을 계속 이어 갔다. "제 생각에 중국인들의 믿음은 곧 현실이 될 것입니다. 좌우간 1900년에 만주인들이 패배를 겪은 이래로, 백성들은 그들에게 사형선고를 내렸습니다."

그 사이에 우리는 조금 더 북쪽으로 가서 이제 나지막한 정원 담 앞에 멈추었다. 담 뒤로 노란색 기와로 된 큰 건물이 보였다.[31] 러시아인이 "이제 당신들은 아시아 고산지대의 일부를 보게 될 겁니다."라고 통보했다. 우리는 문을 통과했다. 나무가 우거진 뜰이 우리를 맞

---

31) 융허궁(雍和宮)이다. 융허궁은 베이징 일대에서 가장 규모가 큰 라마불교 사찰이다. 융허궁 터에는 원래 명대(明代) 내관의 감관방(監官房)이 있었다. 청(淸) 강희제(康熙帝)가 1694년에 이곳에 저택을 지어 넷째 아들인 옹친왕(雍親王) 윤정(胤禛)에게 하사하였고, 이를 옹친왕부(雍親王府)라고 불렀다. 윤정(胤禛)이 왕위를 계승했는데 그가 옹정제(雍正帝)이다. 옹정제는 옹칭왕부를 융허궁(雍和宮)으로 개칭하고, 이곳을 라마교 사원으로 하사하였다. 1735년 옹정제의 뒤를 이어 건륭제(乾隆帝)가 즉위하였는데, 그는 옹정제의 능침정(陵寢停)을 융허궁에 두었다. 또한 건륭제 자신이 바로 이 융허궁에서 태어났다. 이를 계기로 융허궁의 건물들은 황제를 상징하는 황색으로 탈바꿈하였고, 자금성(紫禁城) 황궁과 동일한 규격을 갖추게 되었다. 1744년 몽골에서 온 500명의 라마 승려들이 이곳에 상주하게 되면서 중국 최대의 라마사원이 되었다. 1970년대 대대적인 개보수를 거쳐 1981년 2월 춘지에(春節) 때에 개방되어 오늘날에 이르고 있다.

이했다. 뜰의 몹시 인상 깊은 유일한 장식은 위풍당당한 청동 사자였
다. 그 사자는 쫙 벌린 아가리와 들어 올린 앞발로 침입자를 놀라게
하려는 듯이 보였다. 긴 노란색 옷에 머리카락을 완전히 밀어 버리고
불교의 스님 복장을 한 황갈색 사람들의 무리가 더 집요하게 행동했
다. "저들은 몽골인이지 중국인이 아닙니다."라고 러시아인이 계속해
서 설명했다. "몽골-티베트의 불교 형태를 일컫는 라마교 승려들이
랍니다. 라마교의 수장은 티베트의 종교적 지도자인 달라이 라마지
요. 그의 땅을 자신의 지배하에 두기위해서, 중국 황제들은 티베트의
달라이 라마에게 부수적으로 일종의 중국 총독자리를 주었답니다. 그
밖에 중국 황제들은 이곳 베이징과 도시 주변에 일련의 라마교 사원
들을 짓고, 이를 매개로 라마교 승려들을 자신의 손아귀에 두고서 티
베트 영주들을 베이징에 묶어 두는 법을 터득했지요. 저는 라마교 승
려들이 티베트에서 어떻게 행동하는지는 모릅니다.^{*)} 이전에 그들에
게 버팀목이 되었던 황실과의 관계가 소원해진 이후로, 이곳 동부에
서 그들은 동냥질과 도둑질로 살아가는 완전히 영락한 집단이랍니다.
직접 한번 보십시오!" 러시아인은 뜰을 지나 두 번째 문까지 우리를
쫓아온 뒤 이제 소리쳐 대며 구걸하는 문 앞에 서 있는 승려들을 가
리켰다. 우리는 지저분한 승려들에게 니켈화를 몇 개 준 후에야 두
번째 청동 사자가 지키는 두 번째 뜰로 들어설 수 있었다. 그 밖에도
이곳에는 아름다운 청동 항아리와 경건한 문구들이 4개 국어로 적혀
있는 큰 네모난 돌이 있었다. 최소한 무어 여사는 그렇게 들었었고,
우리들은 그녀의 말을 맹목적으로 믿을 수밖에 없었다. 왜냐하면 4개
국어는 중국어와 만주어, 티베트어와 몽골어였는데, 우리들은 이 언
어들을 이해할 수 없을 뿐만 아니라 읽을 줄조차 몰랐기 때문이었다.

세 번째 문에서 또다시 구걸이 반복되었다. 심지어 몇몇 벌린 손들이 더 내게로 뻗어 온 것처럼 여겨졌다. 하지만 그 후 우리는 진짜 사원 뜰에 발을 들여놓았고, 막 눈앞에 펼쳐진 기이한 광경으로 인해서 마치 마법에 걸린 듯이 멈춰 섰다. 녹색 사이로 아름다운 법당의 추녀 돌림띠가 흰색과 금색, 적색과 청색으로 어슴푸레 드러나 보였다. 작은 탑에서 작은 종 하나가 열심히 울려댔고, 주 법당 발치의 일종의 경사로에 오십 명의 노란 승려들이 원형을 이루며 웅크리고 앉아 중얼거리고 노래를 부르면서 집단 예불을 드리고 있었다. "저들은 도대체 누구에게 기도를 하는 거지요?" 팔케 양이 반쯤 속삭이는 어조로 물었다. "당연히 인도의 현자인 부처님에게지요." 무어 여사가 같은 어조로 대답했다. "비록 그들이 부처에 대해 우리가 각자 학교에서 배웠던 것보다 더 조금밖에 모르게 될지언정 말입니다." 우리는 문 쪽으로 약간 물러섰고, 무어 여사는 이제 좀 더 자유롭게 말을 이어 갔다. "부처는 삶이 고행길이며, 금욕과 영혼의 정화를 통해 그 고행 길로부터 구원받을 수 있다고 가르치지요. 물론 그것은 살아 있는 동안에는 성취될 수 없지만, 죽어서는 다른 존재로 다시 태어나 신성한 길을 계속 이어 갈 수 있습니다. 도달 가능한 가장 마지막 단계는 니르바나, 완전한 무소유와 일치하는 무번뇌입니다. 물론 그의 추종자들은 부처가 이 단계에 도달했다고 믿고, 완성이라는 정점을 힘들게 성취한 자들을 모두 그의 이름을 따서 부처라고 부르지요. 하지만 오늘날의 대중들에게 부처는, 언젠가는 죽게 마련인 인간이었던 적이 결코 없었다는 듯이 그저 그 앞에서 기도하는 우상이 되어 버렸답니다. 확신하건대 여기 있는 이 승려들은 부처의 도덕론에 관해 한 번도, 그 무엇도 들어 본 적이 없는 것처럼 보이네요." "그런데 덧붙이

자면 라마교는 일종의 불교 개혁이지요." 러시아인이 보충 설명했다. "라마교는 부처의 신봉자에 의해 만들어졌는데, 그는 정말로 아주 경건하고 도덕적인 자였답니다. 그는 끊임없이 자신의 민족에게 그들이 당연히 순종해야 하는 더 많은 부처들, 즉 완성에 도달한 사람들이 자신의 수하에 머물게 될 것이라고 약속했지요. 이 사원도 그러한 '생불'을 수장으로 두고 있습니다. 물론 그는 이곳이 아니라 베이징으로부터 8일간 여행해야 도착할 수 있는 몽골에 거주지를 두고, 매해 겨울에 단 며칠만 사원을 방문한답니다." 이제 승려들은 울려 퍼지도록 큰 소리로 노래하기 시작했고, 우리는 이 기회를 이용해 뜰을 비스듬히 가로질러 측면 문으로 간 뒤 그 문을 통해 주 법당 안에 도착했다. 그곳은 수많은 제단과 부처를 상징하는 백 개 이상의 앉아 있거나 웅크리고 있는 우상들이 있는 반쯤 어두운 공간이었다. 그것들은 모두 25m 높이의 거대하고 화려한 붉은 금색 부처의 수행원들에 불과했다. 그 거대한 부처는 마치 구속된 거인처럼 사원 중앙에 서 있었다. "그 부처가 이 사원의 자부심이랍니다." 러시아인이 우리에게 설명했다. "그것은 인류를 재차 구원하기 위해서 내세에 모습을 드러내게 될 부처를 표현하고 있다고 합니다." 우리가 거대한 부처를 낯설게 쳐다보는 사이에 바깥의 승려들은 새로운 노래를 시작했다.

셋째 날

"오늘 여러분은 중국의 진짜 종교를 알게 될 것입니다." 이날 아침 우리가 차에 올라타자 무어 여사가 말했다. "왜냐하면 우리가 어제 맛본 불교는 실은 중국에서 미신과 우상 숭배이상으로 완전히 정착되었지만, 불교의 한층 심오한 의미는 생을 즐기고 현실감각이 있는 중국인들에게는 전혀 맞지 않기 때문이지요. 그 때문에 교양 있는 중국인이 불교 신자가 되는 경우는 매우 드뭅니다. 반면에 중국인들은 누구나 **공자** 신봉자가 되려고 하지요.”

“사실 여러분들은 이미 이 종교를 알고 계십니다.” 러시아인이 말을 꺼냈다. “왜냐하면 이 종교는 우리가 베이징으로 오는 도중에 이미 얘기를 나눴던 조상숭배와 별반 다르지 않기 때문입니다.”

“하지만 그것은 정화된 조상숭배지요.” 무어 여사가 대꾸했다. “유교 신자는 조상이 선에는 상을 주고 악에는 벌을 준다고 믿습니다. 그 때문에 그는 조상을 위해 사당을 짓고 그들에게 제물을 바칩니다. 그러나 무엇보다도 유교 신자는 올바른 길을 따라 살며 조상에게 순종하려고 노력하지요.”

“그러면 석가모니가 불교를 창시했듯이 공자가 이 종교의 창시자인가요?” 팔케 양이 물었다.

“사실 그렇게 말할 수는 없습니다.” 무어 여사가 대답했다. “조상숭배는 이미 중국인 모두의 피 속에 숨어 있는 그 무엇이지요. 조상숭배는 공자 시대 훨씬 이전부터 존재했습니다. 손윗사람은 손아랫사람에게, 아버지는 아들에게, 조상은 후손에게 권한을 행사하지요. 이것이 예로부터 전해 내려오는 중국의 관념입니다. 그리고 훗날 공자가 등장해서 손윗사람에게 사랑으로 순종하라고 중국인들을 가르쳤던 것이고요. 결국 공자는 강제와 두려움을 어린아이 같은 순종과 경외심으로 대체시킨 것입니다. 이로써 공자는 중국인들 삶의 제반 원칙들, 즉 임금과 신하, 남편과 아내, 연장자와 연소자, 벗과 벗 사이의 관계를 한 단계 격상시켰습니다. 왜냐하면 이 모든 관계들을 위해서는 연장자와 상관에 대한 효성과 경외심이 기본이 되어야 하기 때문입니다. 중국인들은 이 아름답고 고귀한 가르침을 기쁘게 받아들인 다음, 이것을 자신들의 조상을 모시는 의식에 적용하였습니다. 이전에는 조상들이 내릴지도 모르는 벌이 두려워서 행했던 의식에 말이지요. 하지만 공자 자신은 몹시 계몽된 사람이어서 조상과 영혼에 대해 믿지 않았다고 합니다. 그럼에도 불구하고 중국 민족은 자신들의 미신을 고귀하게 만들어 준 공자에 대한 감사의 표시로 그를 가장 중요한 조상들 중의 한 명으로 만들었지요. 오늘날 중국에 있는 무수한 사당들은 공자를 숭배하기 위해 그에게 봉헌되었습니다."

"그리고 우리는 그중 가장 아름다운 사당들 중의 하나인 이곳[32]에 도착했습니다." 차가 멈추는 동안 러시아인이 덧붙여 말했다.

우리는 다시 정원 문을 통과해 뜰로 들어섰다. 평온이 가득한 그곳의 한적함은 그 자체로 범상치 않은 신성한 그 무엇을 갖고 있었다. 키가 큰 실측백나무들 사이에 특이한 형상을 한 돌로 된 기념물들이 서 있었지만, 뒤 배경은 위엄 있는 소박한 사당이 마무리하고 있었다. 마치 위대한 과거를 기념하기 위한 엄숙한 장소를 마련해 놓은 듯했다. 내가 이런 느낌을 말하자 "실제로 그래요."라며 무어 여사가 설명했다. "우리가 서 있는 바로 이곳에 심지어 중국사에서 가장 오래된 기념물이 보관되어 있답니다." 그녀는 문 입구 좌우에 놓여 있는 북 모양의 검은색 화강암 덩어리 열 개를 가리켰다. 그 덩어리들은 루네 문자[33]류의 글자들로 뒤덮여 있었다. "저것들이 그 유명한 돌북(石鼓)

---

32) 문맥상 이곳은 베이징에 있는 공묘(孔廟)이다. 현재의 베이징 둥청취(東城區) 궈쯔젠가(國子監街)에 위치해 있었다. 원(元)·명(明)·청(淸) 3代에 걸쳐 공자에게 제사 지내던 곳이다. 원나라 때인 1306년에 축조되어 명·청대에 수차례에 걸쳐 중수(重修)되었다. 역대의 개수(改修)에도 불구하고 대성문(大成門), 대성전(大成殿), 숭성문(崇聖門) 및 숭성사(崇聖祠)로 구성된 기본구조에는 변함이 없다. 현재에는 서우두박물관(首都博物館)으로 쓰이고 있다.

33) 게르만 민족의 고대 문자이다.

입니다. 그 위에 2500년도 더 전에 한 중국 왕이 자신의 사냥 행렬을 예찬하는 시들을 적어 놓게 했지요. 그는 기원전 827~782년에 살았던 쉬안(Hsüan)왕[34]입니다. 이 돌들을 볼 때마다 매번 중국의 유구한 역사에 대한 경외감이 저를 엄습해서, 현재 몰락기를 겪는다는 이유만으로 이 민족을 깔볼 자격이 우리에게 딱히 없다는 것을 느끼게 됩니다." 우리는 뜰로 들어가서 이제 저 특이한 돌 기념물들 한가운데에 섰다. 세어 보니 모두 열두 개였다. 이제 보니 그것은 열두 개의 높은 석판을 등에 지고 있는 열두 마리의 거대한 거북이들 주위를 덮개 없이 붉은색 기와로 에워싼 것이었다. 광택 있는 노란 기와로 만든 지붕들이 휘황찬란하게 그 기념상들을 덮고 있었고, 덩굴식물들이 휘감고 있는 붉은색 담 위로는 키 큰 실측백나무들이 경사스럽게 쏴쏴 소리를 내고 있었다. "저것은 고귀한 승전비가 아닐까요?"라고 무어 여사가 질문했고, 우리가 되묻듯이 그녀를 쳐다보자 그녀가 우리에게 설명해 주었다. "18세기의 위대한 만주 황제들이 후세를 위해 자신들이 어떻게 전쟁을 승리로 이끌었고 중국 영토를 확장했는지를 이 돌에 새겨 두었답니다. 몽골, 중가리아, 투르키스탄의 정복과 쓰촨(Setschwan, 四川)의 야만족들을 굴복시킨 일들이 이 열두 개의 석판에

---

34) 쉬안(Hsüan)왕은 주(周)나라 선왕(宣王)을 말하고, 돌북에 새겨 있는 시는 석고문(石鼓文)을 말한다. 석고문은 중국에 현존하는 최고의 각석(刻石)으로, 높이 약 90cm, 지름 약 60cm로 모양이 큰 북과 비슷하여 예부터 석고(石鼓)라고 하였다. 원래는 700자 이상이었다고 하지만 현재 남아 있는 것은 272자뿐이다. 당대(唐代)에 지금의 산시성(陝西省) 바오지현(寶鷄縣)에서 발견되어 공자묘(孔子廟)로 옮겼다가 이후 뿔뿔이 흩어진 것을 송(宋)나라 때에 다시 모아 카이펑(開封)으로 옮겼다. 금(金)나라 이후 베이징으로 옮겨 공묘의 대성문(大成門) 안에 진열해 두었고, 현재는 베이징 자금성(紫禁城) 내 고궁박물관에 진열되어 있다. 석고문의 내용은 난해하지만 수렵에 관하여 노래한 운문으로 여겨진다. 글자체는 소전(小篆)보다 복잡한 대전(大篆)이다. 대전은 주(周)나라 주(籀)라는 인물이 만들었다고 해서 주문(籀文)이라고도 한다. 아무튼 석고는 당대(唐代) 한유(韓愈)와 위응물(韋應物)이 석고에 대한 시문을 지어 유명해졌는데, 그들의 "석고가(石鼓歌)"에 따르면 석고는 주(周)나라 선왕(宣王) 때에 만들어진 것으로 여겨진다. 선왕이 사냥을 마치고 이를 기념하기 위해 새겨 만들었다는 것이다. 구양수(歐陽修)의 "석고발미(石鼓跋尾)"에서도, 석고를 주나라 선왕 때의 사관(史官) 주(籀)가 만든 것으로 설명하고 있다.

기록되어 있습니다." "그러면 저 거북이들은 뭐죠?" 팔케 양이 물었다. "그것들은 장수와 영원한 기억을 의미합니다. 즉 흡사 역사 속의 문장(紋章) 동물과도 같아서 기억되어야 할 일들을 기록할 때는 어김없이 늘 만들어 놓지요. 자, 이제 이 열두 개의 승전비가 여기 서 있는 이유이자 이 장소의 혼인 공자 앞으로 곧장 가 보기로 하죠."

대리석 계단이 우리를 소박한 위쪽 사당으로 인도했다. 그 안에서 신이나 사람의 형상은 찾아볼 수 없었다. 기둥과 벽들을 붉은색과 금색으로 칠한 것이 사당의 유일한 장식이었고, 각기 작은 회색 목판을 품고 있는 일련의 붉은색 함들과 정중앙의 함 앞에 놓인 소박한 붉은 탁자가 유일한 내용물이었다. 우리는 눈으로 무어 여사에게 이 물건들에 대한 설명을 물었고, 그녀가 동요하며 대답했다. "제가 여러분들에게 함 속에 든 목판들이 위대한 현자와 그의 가장 유명한 제자들의 이름을 담고 있다는 말만 해도 이 모든 것이 저절로 설명되지 않을까요? 이름을 씀으로 인해서 나뭇조각이, 경건한 중국인이 그 앞에서 절을 하고 제물을 바치는 혼이 담긴 목판으로 되어 버리는 거지요. 여기 가운데 함 속에 있는 목판35)을 보세요. 소박하고 간단하게 '조상숭배의 가장 성스러운 설교자인 공자의 혼이 담긴 목판'이라는 문구가 새겨져 있습니다. 다른 함들 속에 들어 있는 제자들의 목판도 그것과 유사하게 새겨져 있지요. 물론 이 모든 것들은 그저 이름에 불과하지만, 중국이 배출한 최고의 인물들의 이름을 한데 모아 둔 것은 다른 사원들 안에 세워 둔 수백 개의 우상들보다 제게 더 강한 인상을 남깁니다." 우리는 청나라의 영웅적 행위들을 공자의 혼에게 알

---

35) 문맥상 '위패(位牌)'를 지칭하는 것으로 보인다.

리는 목판들 사이를 통과한 뒤, 중국인들이 그들의 가장 위대한 인물을 모셔 둔 가장 고귀한 장소, 즉 이 사당에 보관할 수밖에 없었을 검은색 북들을 지나서 천천히 그리고 거의 엄숙하게 문을 통해 나 있는 길로 돌아갔다.

다시 차에 앉았을 때에도 우리의 생각은 여전히 우리가 이제 막 듣고 보았던 것에 머물러 있었다. 그렇게 우리는 이제 우리 오른쪽에 완전히 평범한 망루의 형태를 하고 나타난 탑을 스치듯 무심하게 쳐다보았다. 하지만 러시아인은 미소를 띠고 무어 여사를 쳐다보며 물었다. "우리 동행자들에게 이곳 종탑에 얽힌 아름다운 이야기를 들려주시지 않을 참인가요? 긴 말보다도 이 이야기가 공자의 효성에 관한 가르침이 민중 속에 얼마나 깊이 파고들었는지를 더 잘 보여 주지요." 우리 모두가 무어 여사에게 그녀가 알고 있는 지식을 나누어 달라고 요청하자 그녀가 얘기하기 시작했다. "저 탑은 그 안에 무게가

베이징 근교의 명나라 무덤들

12만 파운드나 되는 종이 달려 있어서 종탑[36]이라고 불리지요. 그런데 이 종에는 다음과 같은 사연이 담겨 있답니다. 융루(Junglu) 황제[37]가 베이징에서 으뜸가는 종 주조 장인인 관유(Kwanju)[38]에게 탑에 걸 종을 주조하라는 명령을 내렸답니다. 종 주조가 이미 두 번이나 실패하자, 황제는 화가 나서 세 번째도 실패하면 장인을 죽여 버리겠다고 협박했지요. 자신의 아버지를 그 무엇보다도 사랑했던 기품 있는 처녀인 관유의 딸이 융루가 내뱉은 위협에 대해 듣게 되었답니다. 그녀는 자신의 아버지가 절망하는 것을 보고 조언을 듣기 위해 소문난 점성술사를 찾아갔습니다. 그 점성술사는 그녀에게 종 주조 때 끓는 쇳물에 순결한 처녀의 피가 섞이지 않으면, 세 번째 주조도 반드시 실패하게 될 것이라고 말했지요. 곧 결전의 날이 다가왔습니다. 코아이(Koai)[39]라는 이름을 가진 처녀는 아버지의 성공을 목격하고 싶다고 말하며 자신의 아버지를 동행했습니다. 구경하기 좋아하는 사람들이 떼거리로 모여들었지요. 오늘 관유의 운명이 결정되어야 했습니다. 신호가 있자 음악이 울리고 펄펄 끓는 붉은 쇳물이 준비된 틀에 부어집니다. 그 때 비명 소리가 울려 퍼집니다. 코아이가 '내 아버지가 하

---

36) 베이징 중러우(鐘樓)이다. 현재 베이징 둥청구(東城區) 디안먼와이다제(地安門外大街)에 위치해 있다. 베이징 구러우(鼓樓)에서 북쪽으로 약 100m 떨어져 있다. 안에는 중국에서 현존하고 있는 제일 크고 제일 무거운 대형 동종(銅鐘)이 있다. 종은 베이징에서 시간을 알리는 역할을 했다. 명대(明代) 1420년(永樂 18년)에 축조되었다. 화재로 훼손되었다가 청(淸)나라 건륭제(乾隆帝) 때인 1745년에 재건되었다.

37) 명대(明代) 영락제(永樂帝)를 말한다.

38) 전설에 따르면, 베이징 중러우(鐘樓)의 동종(銅鐘)을 만든 주인공 장인은 분명히 '화옌(華嚴)'이라는 이름으로 알려져 있다(王京 / 雁丁, 「北京的鼓樓和鍾樓」, 『建築工人』 1999年 12期). 여행기에서 동종(銅鐘)과 관련 현재 알려진 전설과 같은 내용의 전설을 소개하면서, 왜 사람 이름만 '관유(Kwanju)'라고 했는지는 짐작조차 되지 않는다.

39) 전하는 바에 따르면, 베이징 중러우(鐘樓)의 동종(銅鐘)을 만든 장인(匠人) '화옌(華嚴)'의 딸은 '화셴(華仙)'이라는 이름으로 등장한다(王京 / 雁丁, 「北京的鼓樓和鍾樓」, 『建築工人』 1999年 12期). 여행기에 나오는 코아이(Koai)라는 이름은 중국어의 '커아이(可愛)'를 오해한 것으로 보인다. '커아이(可愛)'는 고유명사가 아니라 '사랑스럽다'는 형용사이다. 전설에 의하면, 화셴(華仙)은 매우 사랑스러운 소녀로 설명되는데, 여행기의 저자가 '화셴'을 형용하는 표현을 그녀의 이름으로 오해한 듯하다.

시는 일을 위하여!'라고 외치며 끓어오르는 쇳물 속으로 떨어집니다. 주변에 서 있던 사람들이 다들 놀란 가운데, 한 사람만이 혹시라도 아직 구할 수 있을까 하여 그녀를 붙잡을 생각을 하지요. 너무 늦었어요! 아버지의 손에는 딸의 신발 한 짝만 남게 됩니다. 불쌍한 장인 관유가 딸의 선례를 따르려는 것을 가까스로 겨우 말릴 수 있었지요. 종은 성공적으로 멋지게 만들어졌지만, 그게 그에게 무슨 상관이란 말입니까. 딸을 잃었는데! 그는 낙담한 채 집으로 돌아갔지요. 그런데 이제 중국인들은 종이 울릴 때 죽어 가는 처녀의 탄식이 들리고, 떨리는 공명에서 신발을 뜻하는 시에(Hsieh)[40]라는 단어가 들린다고 믿습니다. 그러면 민중들은 '가엾은 코아이가 자신의 신발을 찾느라 불러대고 있구나'라고 말하지요."

그 사이에 우리는 타타르족 도시를 통과해 남쪽으로 내려가고 있었다. 성문을 지나 이제 우리는 한족 도시에서 계속 더 남쪽으로 내려갔다. 이제 길 양쪽의 집들은 황량한 황무지에 길을 내주었다. 우리가 가는 길만 이전처럼 전진하는 수백 명의 사람들과 당나귀가 끄는 수레, 버새를 타고 가는 사람들, 낙타를 타고서 고분고분한 혹은 고집 센 동물들을 데리고 가는 목동들로 붐볐다. 마침내 왼쪽으로 일종의 넓은 들길이 나타났고, 우리 차는 그리로 접어들었다. 그런데 그 때 또다시 소박한 문이 달린 높은 담이 나타났다. 이제 우리도 이미 알고 있듯이, 담은 중국에서 모든 명소의 베일을 형성한다. "목적지에 도착했습니다." 러시아인이 말했다. "이제 여러분이 보게 될 것은 공

---

40) 신발을 뜻하는 중국어는 鞋이고, '셰(xié)'라고 읽는다. 근대 초기에 많이 사용되었던 중국어 발음 웨이드 표기법에서는 대개 현재 사용하고 있는 병음표기법의 'x'를 'hs'로 표기하였다. 웨이드 표기법의 'Hsieh' 는 'xié'와 같은 발음이다. 따라서 '시에(Hsieh)'는 '셰(鞋)'가 확실하다. 물론 전설에서도 신발 이야기가 나온다.

자의 사당보다도 늘 제게 한층 더 중국적인 느낌을 줍니다." 차에서 내리며 "저건 그냥 숲일 뿐인데요."라며 팔케 양이 손으로 무수한 나뭇잎 꼭대기를 가리켜 보였다. 실제로 그것만이 유일하게 담 뒤로 보이는 것이었다. "정확히 맞았어요."라고 무어 여사가 대답했다. "성지 주위는 전부 숲으로 둘러싸여 있지요. 곧 성지가 얼마나 명상적이었던지 깨닫게 될 겁니다." 우리는 문을 통과해 들어가서, 이번에도 어김없이 등장하는 두 번째 담의 아주 오래된 나무들 아래를 거닐었다. v. Z. 씨가 설명하기 시작했다. "중국인들은 아주 명상적이지도 그렇다고 특별히 상상력이 풍부하지도 않습니다. 그 때문에 그들은 우리처럼 유일신을 믿지도 않고, 우리의 이교도적인 선조들이 그랬던 것처럼 자연 속에 신들이 살아서 활동하고 있다고 상상하지도 않습니다. 하지만 바로 그 점 때문에 중국인들은 경건합니다. 실제로 그들은 단순하게 모든 사물들이 각자 눈에 보이지는 않아도 그 안에 정신을 갖고 있다고 믿습니다. 모든 강과 산, 나무, 따라서 간단히 말해 자연의 모든 것이 정신을 소유하고 있고, 당연히 이 정신은 자신이 속해 있는 대상이 더 크고 중요할수록 더 강력합니다." 무어 여사가 계속 말을 이어 갔다. "그렇다면 이제 우리 머리 위에 아치를 이루고 있는 **하늘**보다 더 강력하고 중요한 것이 자연에 있을까요? 하늘은 늘 한결같이 그 자리에 있고, 비와 햇빛, 풍년과 흉년도 모두 하늘에 달려 있지 않나요? 러시아인이 말을 완성시켰다. "그렇기 때문에 중국인들에게는 하늘의 정신이 가장 위대하고 강력한 정신이지요. 제국의 선두에 황제가 있듯이, 하늘의 정신은 정신세계의 선두에 서 있습니다. 물론 황제는 원래 제국의 통치를 위해 하늘로부터 명을 위임받은 자이지요. 말하자면 황제는 지상 세계에서 하늘을 대변하는 자이고,

사당 입구

그 때문에 '천자'라는 호칭을 갖는 것이지요. 그래서 하늘에게 자신의 통치에 대해 보고하고 좋은 날씨와 풍성한 수확을 기원하면서 마침내 제물을 바치는 것이 황제의 직무입니다. 이것은 감히 다른 중국인은 해서는 안 될 일이지요. 그런데 제물을 올렸던 그 장소가 바로 우리가 있는 이곳[41]입니다."

이제 우리는 사뭇 긴장하며 두 번째 문을 지나 두 번째 뜰로 갔다. 또다시 우리 눈앞에 키 큰 나무들이 늘어선 숲 전체가 서있었다. 그런데 이 숲에는 무언가 다른 것이 더 있었다. 소박한 형태를 한 길게 뻗은 사당 입구가 녹지로부터 드러났다. 팔케 양이 눈치챘듯이 진정한 은자들의 사당이었다. "당신의 추측이 틀리지는 않았습니다." 러시아인이 설명했다. "저것은 금욕 사당[42]입니다. 황제는 제물을 올리

---

41) 이곳은 바로 베이징 외성(外城) 남동쪽에 위치해 있는 천단(天壇)이다.

기 전에 그곳에서 단식하면서 하룻밤을 보내야만 합니다. 하지만 우리에게 그런 지체는 불필요하니 곧장 놀라운 작품 앞으로 가도 됩니다." 이제 우리는 세 번째 문 쪽으로 가서 그 언젠가 내가 보았던 특이한 제단 앞에 섰다. 푸른 잔디 위에 대리석 조각품에 둘러싸인 원형 단이 우뚝 솟아 있었다. 그 위에는 그보다 약간 작지만 비슷한 대리석 장식이 있는 두 번째 둥근 단이 얹혀 있었고, 그 위로는 또다시 더 작은 세 번째의 원형 대리석 단이 솟아 있었다. 세 번째 단은 이제 잔디바닥으로부터 대략 3m 정도 솟아 있는 듯했다. 눈처럼 희게 빛나는 네 개의 넓은 대리석 계단들이 맨 위층으로 나 있었다. 우리가 그곳으로 올라가서 막 주위를 둘러보았을 때, 나는 이것이 왜 하늘 제단, 즉 **천단**인지 알게 되었다. 이제 주변의 초록 숲이 마치 양탄자처럼 내 발치에 놓여 있었고, 그 한가운데에 흡사 귀중한 기도대처럼 이 대리석 건물이 서 있었다. 그리고 그 위, 초록색 양탄자와 흰색 기도대 위쪽 높은 곳에 파란 천구가 압도적인 장관을 이루며 펼쳐져 있었다. 현세의 지배자가 정신계의 지배자인 하늘에게 제물과 경의를 바칠 수 있는 장소로 이보다 더 아름답고 고귀한 곳은 생각해 낼 수조차 없었다. 우리 모두는 잠시 침묵하며 서 있었다. 뒤이어 무어 여사가 몇 가지 특별한 아름다움에 우리의 시선을 돌리게 만들었다. 그녀가 말했다. "여기 있는 모든 것들 속에 지배하는 선들의 완벽한 조화에 한번 주목해 보세요. 우리가 서 있는 세 개의 단들로부터 우리가 통과한 세 개의 담을 지나 우리를 둥글게 감싸는 파란 하늘에 이르기까지 도처에서 동심원을 보게 되지요. 또한 이곳의 다른 건물들

---

42) 천단(天壇) 안의 재궁(齋宮)을 말한다. 황제가 천제(天祭)를 지내기 전에 재계(齋戒)라는 절차를 수행하던 곳이다.

도 모두 둥근 형태로 지어졌답니다. 왜냐하면 그 어떤 직선과 모서리도 하늘의 본성에 반하기 때문이지요." "도대체 저런 제물에 어떤 일이 일어나는 거지요?" 팔케 양이 몹시 알고 싶어 했다. "거기에 관해서는 중국인들이 묘사한 대로 들려줄 수밖에 없겠네요." 무어 여사가 대답했다. "왜냐하면 아마도 아직껏 여태 그 어떤 유럽인도 제식 현장에 있어 본 적이 없었기 때문일 테지요. 제가 들은 바에 따르면, 황제는 일 년에 세 번 이 장소를 방문한다고 합니다. 동지 때는 지난해에 대한 보고를 하기 위해서, 2월에 있는 중국의 새해 첫날에는 새로운 한 해를 위한 책무를 영접하기 위해서, 그리고 봄에는 비와 풍성한 수확을 빌기 위해서 오지요. 그러면 가장 위쪽 단에 다섯 개의 파란색 천막이 세워집니다. 그 안에는 하늘의 위패와 황제의 선조들의 위패가 모셔지게 되고요. 두 번째 단 위에는 바람과 비, 해와 달, 별과 풍년의 패를 모신 천막들이 세워지지요. 제단의 동쪽에는 녹색 사기 가마가 있는데, 그 위에 제물로 바칠 동물이 놓여 있습니다. 이제 황제가 시종을 거느리고 나타나기가 무섭게 음악이 울리고 제물을 올린 가마에 불이 지펴집니다. 그러면 황제는 가장 높은 단에 올라가 무릎을 꿇고 하늘과 선조들에게 향을 피웁니다. 그러고 나서 황제가 무릎을 꿇어 세 번 절을 하고 한 차례 땅 위에 넙죽 엎드려 명주들, 연옥그릇들과 다른 값비싼 공물들을 바치는 동안에 내내 음악이 연주되지요. 마침내 황제가 제단의 다른 지점에서 무릎을 꿇고 절을 더 하는 동안 고위 관직에 있는 자가 큰 소리로 제문을 읽으면, 황제는 마지막으로 '행운의 잔과 고기'를 받습니다.

천단의 북쪽 제단

천단[43)]으로부터 나 있는 길은 정말로 완전히 둥근 형태를 한 작은 사당을 지나 두 번째 제단으로 우리를 인도했다. 그 제단은 또다시 세 개의 단으로 이루어져 있었고, 단지 규모면에서 중앙 제단보다 약간 더 작을 뿐이었다. 하지만 그 대신에 이곳은 가장 위쪽 단 위에 화려한 사당이 우뚝 솟아 있었다. 곡선이 고운 그 사당의 세 개의 지붕에는 푸른색 광택기와가 얹혀 있었고 꼭대기에는 커다란 구슬 모양의 금장식이 달려 있었다. 러시아인이 그것은 이른바 북쪽 제단이고 특별히 상서로운 해를 숭배하기 위한 것이라고 설명해 주었다. 무어 여사는 "새 사당이 참 예쁘게 지어졌네!"라고 외친 뒤 우리에게 원래 이 자리에는 다른 사당이 있었는데 1889년에 벼락을 맞아 소실되었다고 설명해 주었다. 중국인들은 이것에 대해, 천 개의 다리를 가진 지네가 감히 구슬 모양의 금장식까지 기어오르자 이글거리는 섬광이 지네와 더럽혀진 건물을 박살 냈다라고 자신들에게 설명했을 것이다. 그녀가 덧붙여 말했다. "하지만 더 이상 그 어떤 피해도 입지 않았습니다. 새 사당이 이전 것보다 더 예쁘게 되었거든요."

"황제가 아직껏 새 사당을 방문한 적이 없다는 사실도 알고 계신가요?" 우리가 다시 차로 돌아가려고 할 때 러시아인이 말했다. "정말이에요?" 무어 여사가 놀라서 외치고는 잠자코 있었다. 하지만 우리는 그녀가 무엇을 생각하는지 알 수 있었고, 곧 숙소로 돌아오는 동안 그것은 또 우리의 대화 주제가 되었다. 우리는 아름답고 찬란한 예전

---

43) 천단(天壇)은 황제가 하늘에 제사를 지내기 위하여 설치한 제단이다. 제천(祭天) 의식은 예로부터 국가의 중요한 행사로서 역대 황제에 의해 행해졌고, 이는 황제의 권위를 높이는 중요한 수단이었다. 천단은 명나라 태조 홍무제(洪武帝)가 난징(南京)에 대사전(大祀殿)을 짓고 천지(天地)를 함께 제사한 데서 비롯하였다. 영락제(永樂帝)가 베이징 천도 후 대사전을 베이징 남쪽 교외로 옮기고, 가정제(嘉靖帝) 때 대원구(大圜丘)와 대향전(大享殿)을 축조하여 제천(祭天)의 장소가 마련되었다. 청나라 건륭제(乾隆帝) 때 개수 확대하면서 대향전을 기년전(祈年殿)으로 바꾸어 현재와 같은 규모가 되었다. 기년전은 광서제(光緒帝) 때 소실되었기 때문에 1890년에 재건하였다.

의 중국을 보았다. 하지만 이러한 예전의 중국은 죽어 가고 있다. 예전에는 황제와 고위 관리들만 발을 들여놓을 수 있었던 민족의 성지에 이방인이자 신앙이 없는 우리들이 거리낌 없이 이리저리 다니는 것은, 예전 중국의 관념대로라면 우리에게 즉각 죽음이라는 결과를 초래했어야만 했다. 하지만 여기서는 그것보다 더 나쁜 일이 일어났다. 이방인인 우리들이 중국 민족의 성지를 면밀히 관찰하는 동안, 우리는 그곳을 감독하는 황제의 관리를 단 한 명도 보지 못했다. 그 대신에 온갖 잡다한 지저분한 문지기들이 문 주위에서 배회하고 있었는데, 그들은 오로지 이방인으로부터 가능한 한 많은 돈을 구걸해 받아 내는 데에만 집착했다. 이것을 위해서라면 자신들의 의무조차 저버릴 준비가 되어 있는 자들이었다. 그 결과 이 장소의 귀중한 보물들은 생각할 수 있는 한 가장 형편없는 보호를 받고 있었고, 실제로 그러한 형편없는 상태로 방치된 보물들을 볼 수 있었다! 여기저기서 붕괴가 보물들을 갉아먹고 있었다. 여기는 기와가 깨져 있고 저기는 대리석 장식의 조각이 빠져 있는가 하면, 여기는 색이 바래 있고 저기는 들보가 썩어 있었다. 불타버린 사당 대신에 새 사당이 지어졌지만, 황제는 더 이상 사당으로 지정된 제물을 바치러 오지 않았다!

황제는 더 이상 오지 않았다. 황제는 민족이 그의 보호 아래 두었던 것을 붕괴하게 내버려 두었다. 이보다 더 나쁜 사실은 자신의 가장 성스러운 관습들이 경시되는 것을 중국 민족이 태연하게 받아들인다는 점이었다. 아니면 혹시 중국 민족은 그저 이전 왕조들이 무너졌듯이 이러한 썩은 황실이 권좌에서 물러나기만을 고대하고 있는 것일까? 공자 스스로도 황제가 무능하고 의무를 소홀히 한다고 판명될 때에는 혁명을 허용하지 않았던가? 우리는 석탄언덕에서 사라진 사슬에 묶인 나무를 생각했다.

*

이날 우리가 다 같이 움직이는 여행은 잠정적으로 끝이 났다. 나의 동행자들은 다음 날 베이징에서 기차를 타고 한카우로 간 뒤, 그곳에서 양자강을 따라 내려가 상하이로 여행할 생각이었다. 하지만 나는 우리 독일의 속령인 자오저우만(膠州灣)을 방문하는 것을 포기하고 싶지 않았다. 이틀 후 톈진을 떠나 자오저우만을 거쳐 상하이로 항해하는 독일 기선이 이곳으로 왔다. 나는 약 일주일 후 상하이에서 내 여행 동행자들을 다시 만나기 위해서 그 배를 타고 남쪽으로 내려가려고 했다.

3. 내 작은 부처^{**)}

나는 사람들이 동전이 진짜인지 검사하듯이, 청동 우상을 손에 들고 꼼꼼하게 살펴보고 있다. 뚫어지게 쳐다보는 큰 눈에 길고 쫑긋한 귀를 하고 있는 배가 뚱뚱한 부처다. 우리식 개념대로라면 아름답다고 할 수는 없지만 사람들을 사색하게 만드는 녀석이다. 어제만 해도 이 부처는 베이징의 하타뮌(Hatamön, 哈德門)[44] 거리에 위치한 약삭빠른 중국인 가게에 있었는데, 오늘은 나와 함께 독일로 여행해야만 한다.

---

44) 하더먼(哈德門)을 지칭한다. 하더먼은 바로 충원먼(崇文門)의 다른 이름이다. 하이다이먼(海岱門)이라고도 한다. 1267년에 처음 만들어져 740년의 역사를 가지고 있다. 황궁으로 술을 운반하는 전용 통로였기 때문에 '주먼(酒門)' 또는 '주다오(酒道)'라고도 불렀다. 음이 같아 '하다먼(哈達門)'이라고도 했고, 관방에서는 '원밍먼(文明門)', '충원먼(崇文門)'이라고 칭했다. 과거(科擧)를 보기 위해서는 반드시 지나야 했기 때문에 '행운지문(幸運之門)'이라고도 했다. 예전부터 하더먼의 대로(大路)는 많은 사람들로 크게 붐볐는데, 대부분이 화스다제(花市大街)로 가서 쇼핑을 하는 사람들이었다. 거리에는 각종 상점이 즐비했다. 이는 여행기에서 설명하는 분위기와 상통한다.
청말·민국시기(淸末民國時期)에도 하더먼은 베이징에서 매우 지명도가 높았는데, 유명한 영미연공사(英美煙公司, British American Tobacco PLS)가 하더먼의 지명도를 이용해 담배 상표를 'HATAMEN'으로 해서 등록하기도 했다. 이후 하더먼은 더욱 유명해졌고, 외국인들은 습관적으로 '하더먼' 지명을 'Hatamen'으로 표기했다고 한다.

그 부처가 내 소유가 된 데에는 작은 사연이 있다. 어제 오후 나는 중국인의 값비싼 예술품들을 보러 잠시 들렀다가 그것을 발견하고서 우상의 기묘함에 끌려 값이 얼마인지 물었다. 내 여행 경비에 비춰 볼 때 20달러는 좀 많았다. 인쇄된 여행 안내서들이나 이러한 일들을 같이 상의할 선량한 지인들도 모두 그 물건이 얼마 나가는지 흥정하라고 조언하지는 않는다. 변발을 한 중국인에게 20달러를 내밀었지만, 이것 보게, 그는 꿈쩍도 하지 않았다. 그의 완고한 마음을 움직이지 못한 채, 나는 25달러로 높여 제안했다. 그는 내게 청동의 무게를 느껴 보게도 하고 그 예술품의 갖가지 섬세한 특성들을 보여 주고 또 손가락으로 뒤쪽의 몇몇 진기한 문자들을 가리키며 티베트어라고 설명해 주었다. 그는 내게 이 부처가 베이징에 있는 라마교 사원의 보물들에서 유래한다고 확언하며 높은 액수를 요구했다. 오랜 힘든 싸움 끝에 나는 그를 이겼다. 부처는 없지만 20달러는 주머니에 고스란히 들어 있는 채로 나는 유혹의 장소를 떠났다.

하지만 중국인 가게에서 멀어지면 멀어질수록 나는 점점 더 내가 정말 제대로 흥정했었는지를 자신에게 반문했다. 나는 함께 하겠다는 것을 내가 거부한 탓에 작은 우상의 뚫어져라 응시하는 큰 눈이 화난 듯 나를 향하고 있는 것을 보았다. 마음속으로 나는 작고 섬세한 장식처럼 등에 새겨져 있던 티베트 문자에 한 번 더 감탄했고, 20달러로 독일에 가져갈 수 있었던 그 작은 부처의 못생긴 아시아적인 생김새와 제대로 사랑에 빠졌다. 20달러로! 이 돈을 다른 데서 절약할 수는 없었을까? 동양인의 모습을 한 그러한 물건을 여행 가방에 간직할 수 있다는 것이 일말의 희생을 감수할 만한 가치도 없는 일이었나? 나는 생각이 많은 저녁과 뒤숭숭한 밤을 보냈다. 하지만 오늘 아침 나는 20달러를 들고 재차 하타뭰(哈德門) 거리에 있는 가게로 갔다. 나는 그 중국인이 문에 서 있는 것을 보았고, 그는 즉시 내게 또다시 안으로 들어오라고 청했다. 나는 주저하듯이 그를 따라 들어갔고 작은 부처를 다시 보고 싶어서 초조함에 애가 탔다. 그 때 그가 작은 부처를 진열장에서 꺼내 눈을 깜박거리며 살 거냐고 묻더니 그것을 내게 내밀었다.

도대체 내 상상이 뭔가 착각했던 건가? 아니면 어제 내가 딴 부처를 보았었나? 이 우상은 깜짝 놀랄 정도로 못생긴 데다 볼품없고 부자연스러운 형상을 하고 있었고, 등에 있던 티베트 문자는 실로 기교 없는 악필에 불과했다. 그것은 어제 그렇게나 내 마음에 들던 놈과 동일한 녀석인데, 오늘 나는 단돈 15달러도 그것에 지불하고 싶지 않았다. 한데 내 앞에 기다리듯이 서 있는 저 중국인한테 어떻게 말해야 하나? 나는 그에게 재차 "얼마지요?"라고 물었다. "20달러"가 대답이었다. 나는 이제 흥정이 최종적으로 깨지게 될 것을 기대하며 "최고 15달러"라고 되받아쳤다. 그 때 그가 "좋소. 가지시오."라고 말하고는 내게 그 뚫어져라 쳐다보는 녀석을 포장해 주기 위해 갔다.

하지만 이제 나는 그것을 사게 되어서 기쁘다! 그 작은 부처는 여기 내 유럽 호텔에서 유럽 소지품들 사이에 놓여 있다. 그제야 비로소 그것이 얼마나 아시아적인지가 내게 보인다. 그 작은 부처는 설법을 하듯이 바닥에 앉은 채, 들어 올린 다리에 왼손을 기대고 오른손을 가르치듯이 위로 들고 있다. 그것은 좁은 금띠를 어깨에 두르고 있는데, 거기에서도 등에 부식시켜 새겨 넣은 것과 동일한 티베트 문자가 발견된다. 얼굴은 못생겼지만, 확실히 인도의 현자들에게 걸맞을 특성인 엄숙함과 침착함을 보여 준다. 그래서 저 작고 특이

한 녀석은 나와 함께 독일로 가야만 한다. 독일에서 그것은 내가 그
것을 발견한 황량하고 다채롭고 크고 기이한 세계에 관한 얘기를
들려주겠지.

제3장

화중에서

1. 자오저우만(膠州灣)

　우리가 탄 배가 자오저우만(膠州灣)으로 진입하는 것을 보기 위해서 우리는 아침 일찍부터 갑판 위에 서 있었다. 우리가 서쪽 지평선을 따라 쫓아갈 수 있었던 산둥(山東)반도 해안의 갈색 산들은 우리에게 경관의 변화를 알려 주는 반가운 전령사였다. 우리는 톈진의 진흙 평야와 파이호(海河) 강변의 진흙 마을들, 이 강이 멀리 바다까지 흘려보내던 진흙물로 되돌아가고 싶지 않았다. 그 때 우리 배가 급격히 항로를 변경해 해안을 향해 달린 탓에, 정확히 뱃고물 쪽의 흑－백－적 삼색기[45] 위에 아침 해가 떠 있게 되었다. 이제 땅 위 언덕은 급작스레 거칠고 들쭉날쭉한 산등성이가 되어 솟아올랐다. 그것은 마치 저 멀리 남쪽 수면 위에 늘어선 우뚝 솟아 있는 섬들과 만들을 보호

---

45) 독일제국(1871～1918)의 국기이다.

하려는 성벽처럼 보였다. 그것에 관해 잘 아는 갑판 위 사람들의 설명대로라면 산등성이는 라우산(Lauschan, 嶗山)46)이고, 해발 1,100m로 산둥 반도 동쪽의 모든 산들 위로 우뚝 솟아 있는 저 위쪽의 가장 높은 봉우리는 라우팅(Lauting, 嶗頂)47)이었다. 신참들이 그 라우팅(嶗頂)도 우리 것이냐고 물었고, 그들은 서남쪽 비탈들에서부터 비로소 제국의 영토가 시작된다는 가르침을 받아야만 했다.48) 그런데 우리는 이제 막 이 비탈들 옆을 지나왔다. 우리 일행은 확연하게 흥분에 사로잡혔고, 각자 격앙된 목소리로 옆에 있는 사람보다는 자기 자신에게 한층 더 많이 우리가 독일 땅에 머물고 있다는 사실을 설명했다! 땅 위에 보이는 온갖 것들을 이제 어찌나 비판적으로 면밀히 관찰하게 되던지! 평소 같으면 전혀 신경도 안 썼을 수천 가지 사항들에 눈이 어찌나 민감하게 반응하던지! 하지만 거기에는 전혀 의심할 만한 것도 없었고, 비난할 일은 더더군다나 없었다. 오히려 그 반대였다! 매혹적인 경관이 벌써부터 톈진의 무미건조한 평야로 인해 눈이 굶주렸을 때보다도 더 저항하기 어려울 정도로 눈에 아부했다. 땅과 바다가 만과 섬, 갑(岬)과 곶들에서 경쾌한 유희를 벌이고 있었다. 반면 육지의 산들은 연속되는 애교스러운 언덕들로 변하며 낮아지는가 싶더니, 리듬을 타는 종결음처럼 바다 위 섬들에서 끝났다. 이제부터는

---

46) 칭다오(靑島)의 명승 라오산(嶗山)이다. 칭다오에는 "타이산(泰山)이 높다하나 동해의 라오산(嶗山)만은 못하다"는 말이 있다.

47) 라오산(嶗山)의 주봉인 '라오딩(嶗頂)'이다. '쥐펑(巨峰)'이라고도 부른다.

48) 1897년 11월 독일은 독일인 선교사 2인이 살해되는 '거야교안(巨野敎案)'을 구실로 군대를 파병하여 칭다오(靑島)를 점령하고, 독일의 극동함대사령부를 이곳에 설치하였다. 이후 칭다오를 조차지로 삼는다. 캉유웨이(康有爲)는 이를 계기로 광서제(光緖帝)에게 상서를 올렸고 이는 무술변법(戊戌變法)으로 이어졌다. 1914년 1차 세계대전 당시 칭다오는 아시아에서 유일한 전쟁터가 되었고, 11월 영일연합군이 칭다오를 점령했다. 전쟁에서 패한 독일은 중국에서 모든 제국주의 이권을 상실했고, 이는 아이러니하게도 중국인의 독일에 대한 우호적 정서의 밑바탕이 되었다.

이 연속되는 언덕들이 우리의 시선을 떼지 못하게 만들었다. 내가 아직껏 중국에서 한 번도 보지 못했었던 온통 녹색 옷을 입은 산비탈이었다. 헐벗은 산들과 파랗게 반짝이는 해수면 사이에 있는 숲이 주는 한 조각의 행복. 그리고 이제 이 녹색 땅 중앙에 하얀 집들과 빨간 지붕들이 있는 소도시가 있었다. 그것을 보는 순간 아주 기이하게도 마음에 와 닿았다. 그것은 우연히 만들어진 거주지도, 국제적인 건축물들의 혼잡스러움도 아니었다. 그것은 힘과 특색을 표현하기 위해서 이 도시를 세운 한 거대 민족의 위풍당당한 정착지였다. 이곳 집들의 선 하나하나, 이곳 교회들의 탑 하나하나, 정원 쪽으로 돌출된 창 하나하나, 지붕 위 닭 모양의 풍향계 하나하나가 이 도시의 국적이 무엇인지를 우리에게 말해 주고 있었다. 독일인들이 중국 해안가의 이 소도시 칭다오(靑島)를 건설했다는 사실을 말이다.

칭다오: 해안길

이 소도시가 어찌나 치밀하게 자오저우만에 자리 잡고 있는지, 마치 여러 부분으로 이루어진 거울 속에 비치는 요염한 미인처럼 거의 바다의 모든 방향에서 이 소도시를 바라볼 수 있다. 증기선이 이 만에서 저 만으로 항해하고, 예리한 시선이 땅 위에서 계속 같은 건물들을 발견하고 나서 마침내 배가 같은 곳을 중심으로 계속 그 주변을 돌고 있다는 사실을 깨달을 때까지, 사람들은 줄곧 자신 앞에 새로운 도시가 등장한다고 믿는다. 그런데 각각의 만은 그 도시에 각기 다른 성격을 부여한다. 관리들 저택이 들어선 조용한 길들만 보이는 호젓한 **일티스(Iltis)만**[49) 머리 부분의 칭다오는 세상을 등진 지방 소도시 같아 보이고, 백사장과 대형 호텔이 서 있는 **아우구스테－빅토리아(Auguste－Viktoria)만**[50)의 칭다오는 그루네발트[51) 호숫가의 고급주택가와 흡사해 보인다. 도시 초입의 거대한 **칭다오만**(靑島灣)에 와서야 비로소 현대 상업도시의 면모가 드러난다. 하지만 증기선이 육지의 최첨단을 돌며 중국 정크선들로 혼잡한 **소항**에 도착해서야 비로소, 이 상업도시가 중화제국에 놓여 있다는 사실을 눈으로 확인하게 된다. 우리가 탄 증기선은 또 한 차례 모든 만들 중에서도 가장 중요한 마지막 만인 **대무역항**[52)으로 진입하기 위해서 돌아야 했고ー이제 해

---

49) 지금의 칭다오시(靑島市) 타이핑만(太平灣)이다[靑島市の新舊路明對照表(http://qingdaonet.org/data/roadname.html) 참조]. 타이핑만은 중산공원(中山公園)의 남쪽, 후이취안만(匯泉灣)의 동쪽에 위치해 있다. 독일이 1897년 칭다오를 점령한 후 이곳 산 위에 포대(炮台)와 병영을 짓고, 일티스(Iltis, 伊爾蒂斯－이얼디쓰)라고 이름 지었다. 이는 1896년 황해 바다에서 강력한 태풍을 만나 침몰한 독일 군함 일티스호를 추모하여 지은 이름이다. 여기에서 유래하여 '일티스만'이라는 지명이 세상에 알려지게 되었다.

50) 지금의 칭다오시(靑島市) 후이취안만(匯泉灣)이다[靑島市の新舊路明對照表(http://qingdaonet.org/data/roadname.html) 참조]. 칭다오 라이양루(萊陽路)에 위치해 있다. 아름다운 해수욕장으로 유명하다. 민국시기 여름만 되면 중국에 사는 외국인과 서구화된 중국인들이 해수욕을 즐기기 위해 몰려들었다. 지금도 아름다운 해변과 독일식 건물들이 남아 있다.

51) 독일 베를린 남서부의 자연숲이다.

52) 지금의 칭다오(靑島) 퇀다오만(團島灣) 일대이다. 원래 '탄다오(坦島)'로 불렸는데, 워낙에 외딴섬이었으나, 독일 점령 시기에 제방을 쌓아 육지와 연결하였다. 청대부터 포대가 설치되어 있던 군사 요지였다. 이후

는 뱃머리에 비스듬히 세워진 돛대 위를 비추었다-, 그곳 대무역항에서 이 변화무쌍한 칭다오는 마침내 독일 군항과 국제 해상지의 모습을 드러냈다. 기술자들의 기술이 이곳에 거대한 둥근 제방을 쌓아올려 바다의 폭풍우를 막아 내고 배들에게 안전한 정박지를 마련해 주고 있었다. 수많은 공장건물들이 서 있는 이곳 만(灣)의 왼쪽 휘어진 부분에는 위풍당당한 **조선소**가, 그 앞에는 손상된 채로 도착한 배들이 복구될 동안 쉴 수 있게 마른 장소를 제공하는 **부양식 독**이 자리 잡고 있었다. 마침내 이곳에 육지로부터 두 개의 긴 방파제들이 만으로 뻗어 있었고, 그 위에는 대형 물품창고들이 세워져 있었다. 우리 증기선은 여기서 거의 한 시간가량 조차지 주위를 항해한 뒤에 정박했다.

한 시간 뒤 다시 인력거를 타고 첫 번째 칭다오 거리 여행을 마쳤을 때, 나는 이 소도시가 정확히 각각의 만의 특성과 일치하는 구역으로 나뉘어져 있다는 것을 알게 되었다. 저쪽은 **항구 구역**이었는데, 그곳에는 조선소와 방파제 근로자들이 살고 있었고 또한 몇몇 소상인들의 가게와 선적되기를 기다리는 칭다오의 주요 수출품인 땅콩과 짚단을 보관해 두는 대형 창고들이 있었다. 저기 소항(小港) 쪽에는 **중국인 구역**인 **타파우타우**(Tapautau)[53]가 있었는데, 백인들에게 전염병이 옮는 것을 막기 위해서 그들의 생활하수가 유럽인도시구역과 결코 접촉하지 못하도록 언덕 위에 격리된 채 형성되어 있었다. 계속해서 저쪽 칭다오만 주변에는 **상가 밀집지구**가 있었다. 모든 독일식

독일 점령 시기와 국민당 통치 시기에도 군사기지로 사용되었다. 지금도 중국 해군이 주둔해 있다.

53) '다바오다오(大鮑島)'를 일컫는다. 1901년 10월 교주해관(膠州海關)이 소항분관(小港分关)을 세웠는데, 이를 일명 '다바오다오(大鮑岛) 해관분잡(海关分卡)'이라고 불렀다(王栋, 「胶海关小港分关」, 『靑岛晚报』 2008.9.7. 참조).

이름과 얼굴들 때문에 마치 고향에 온 듯이 느껴져서, 나는 인력거에서 내려 중국인 인력거꾼에게 빈 인력거만 끌고 가라고 한 뒤 천천히 내 고향도시의 이 거리 저 거리를 거닐었다. 마침내 저쪽 아우구스테-빅토리아만(匯泉灣) 주변 산비탈에 **고급주택가**가 나타났다. 해안을 따라 거닐면서 다채로운 해수욕장 수레들의 긴 행렬들 속에서 더운 여름날 이곳 태평양의 물결들이 보게 될 활기찬 생활을 꿈꿔 보기 위해서, 나는 또다시 그곳에서 내렸다. 그런데 나는 모든 만들과 구역들로부터 칭다오가 삼중의 특성을 갖고 있다는 사실을 인식하게 되었다. 모든 거리들마다 화려한 선원들과 군인들이, 근교의 모든 구석들에는 대규모 병영들이, 바위가 많은 언덕 위에는 사방에 요새들이, 바깥 바다 위에는 경계를 포고하며 연기가 파란 하늘을 뒤덮는 전함들이 있는 군사도시가 칭다오다. 빙 둘러싼 부유한 항구들과 물건창고들, 상사의 해외지점들, 사랑스러운 만 바깥 해안에 늘어선 상사 주재원들의 고급주택들이 존재하는 칭다오는 근본적으로 천상 상업도시이다. 하지만 칭다오는 군사도시나 상업도시라기보다는 여기 쌓아 놓은 돌 하나하나가 한층 더 독일적인 독일문화 도시이다. 왜냐하면 이곳의 집들과 공공건물들의 양식이 독일적이고, 그것들이 마치 영원할 것처럼 경사진 언덕에 튼튼하고 큼직하게 자리 잡은 것이 독일적이다. 또 이웃에게 방해받지 않고 넓은 길과 광장에 자유롭고 쾌적하게 서 있는 것이 독일적이고, 나무들로 뒤덮인 산의 구석진 곳 혹은 전망 좋은 산봉우리에서 자연과 교류하는 진정한 자연 친화적인 경향이 독일적이며, 무엇보다도 축제 의상처럼 집과 거리, 광장을 포함한 이 소도시 전체에 퍼져 있는 반들반들할 정도로 깨끗한 청결함이 독일적이다.

칭다오: 병영 길

진정으로 우리 독일 민족정신의 보물을 보고자 하는 사람은 이제 칭다오로 가야 한다. 그 도시는 유년기를 뒤로 하고 있다. 그곳에는 당시 도처에 여전히 갈라진 큰 빈 틈이 존재했고 지형의 난제들이 여전히 미해결 상태였으며, 언덕에는 여전히 공원들이 부재했고 주변 봉우리들에는 숲도 형성되어 있지 않았었다. 오늘날은 가장 중요한 공공건물들이 지어지고 더 넓어진 길들에는 주택과 상가들이 가득 들어차서, 벌써부터 도시 전체의 모범적인 설계도가 보는 이의 눈앞에 아주 선명하게 그려진다. 하지만 다른 한편으로 칭다오는 또한 아직 완성 단계는 아니어서, 새로운 성장 행렬이 도시를 휩쓸고 지나간다. 여전히 여기에는 새로운 길이, 저기에는 항만 시설이, 그리고 거기에는 재차 새로운 공공건물의 건축이 예고되어 있어서, 칭다오는 머잖아 몇 년 안에 지금보다 더 당당해지고 더 커지고 생기가 충만해질 것이다. 집들은 신축 건물들이라고 하기에는 그보다 충분히 더 오래되었지만, 그렇다고 대들보와 창문틀에 결함과 결점이 생기거나 색상이 탁해지고 회반죽의 빛이 바랠 정도로 오래되지는 않았다. 거기에 사는 사람들은 이미 수많은 사물들에 자신들의 특성을 아로새길 정도로 충분히 오랫동안 칭다오 시민이 되고도 남는 자들이다. 하지만 그들은 또다시 아직껏 풍습은 속박으로, 습관은 강요로 변모되지 않아서 유동적인 식민자로 남을 수 있을 만큼의 세월 동안만 여기에 있었다. 우리 독일 민족정신의 보물을 보고자 하는 자는 이제 칭다오로 가야만 한다!

오후에 나는 새로 지은 **그리스도 교회**[54]의 야외에 서서 내 발 아래로 생기발랄한 독일 땅을 내려다보았다. 이 땅을 차지한 독일은 이곳 태평양 해안에서 무엇을 하려 했던 것일까? 왜 극동에 우리 식의 오아시스를 건설하겠다며 세계의 이 후미진 곳에 수백만을 쏟아부은 걸까? 독일은 그저 아주 천천히 이 지역 땅의 의미를 인식하게 되었다. 처음에 이 땅은 단지 우리 함대의 기지, 민족들 간의 전투에서 우리의 이익을 관철시키기 위해 주둔할 수 있었던 손 너비의 땅덩어리에 불과했다. 그 때문에 우리는 해안과 언덕 바위에 포병대를 숨겨두었고, 만에는 전함을 정박시켜 두고 죽 이어진 언덕들 사이에는 높

---

54) 정식 명칭은 'Evangelische Kirche für Tsingtau', 즉 칭다오복음교회당(青島福音教堂)이다. 속칭 '독일예배당(德國禮拜堂)'이라고도 했다. 현재 칭다오시(青島市) 스난구(市南區) 장쑤루(江蘇路) 15호에 위치해 있어, 지금은 장쑤루기독교당(江蘇路基督教堂)이라고 한다. 당시 장쑤루는 비스마르크대로(비스마이다제[俾斯麦大街], Bismarck Straße)라고 했다. 1898년 칭다오는 독일의 조차지가 되었다. 독일은 원래 있던 중국 촌락을 배제하고, 전혀 새로운 유럽풍의 도시를 계획하였다. 1900년의 첫 번째 칭다오 도시계획에 따르면, 총독산(總督山, 지금의 관하이산[觀海山]) 동서 양측의 고지대를 교회 부지로 책정해 놓았다. 동쪽의 고지대에는 신교 교회당(新教教堂)을 짓고, 서쪽의 고지대에는 가톨릭 성당(天主教堂)을 짓는다는 계획이었다. 신교 교회당의 설계를 널리 공모하였는데, 1907년 6월 1일 독일 설계사 쿠르트 로트케겔(Curt Rothkegel)의 설계가 선정되었다. 1908년 4월 19일 공사가 시작되어 1910년 10월 23일에 완공되었다. 건축 비용은 독일 총독부에서 지급하였고, 완공 후 어느 한 교파에 속하지 않고 여러 교파가 연합하여 예배를 드렸다.

칭다오역 부근

은 병영들을 지었다. 그 후에야 우리는 이 땅덩이가 중국의 무역항, 세계교역의 거점으로 발전되기만을 고대하고 있다는 사실을 인식하게 되었다. 내륙지역은 석탄과 광석이 풍부하고 주민들은 영리하고 부지런하며, 성장세인 중국 무역을 수용하고 세계교역의 길로 이끌 제3의 장소를 위한 장소와 교통편도 북쪽의 항구들과 남쪽의 대도시 상하이 사이에 충분히 있다. 이제 우리는 칭다오의 만들을 안쪽 깊숙이 들어간 항구들로 확장하고 그곳에 대형 저장 공간들을 만들었고, 내륙지방으로 가는 기차를 개통하고 그곳의 물건들을 열차에 실어 우리 항구로 실어 왔다. 하지만 우리는 여전히 우리 조차지의 가장 근본적인 의미를 깨닫지 못하고 있었다. 칭다오는 꼭 의도적으로 우리가 그런 식으로 만들려던 것은 아니었는데도 불구하고, 우리 손에 의해 우리 독일 문화의 생생한 재현, 우리 독일의 유능함을 보여 주는 전시물이 되었다. 이방인들은 질투심에서, 중국인들은 놀라서 경탄을 금치 못하며 이곳에서 그들의 특권을 찾으려고 했다. 그럼에도 불구하고 우리의 유능함을 보여 주는 이 전시가 우리에게 대포도 열차도 반입할 필요가 없는 승리를 가져다주었다는 사실을 우리는 이제야 깨달았다. 우리가 그것을 깨달은 이후로 이곳 식민지의 의미가 확립되었다. 즉 식민지는 아시아 민족들에게 우리가 모든 인류의 문명지에서 누릴 수 있는 것들에 관해 일종의 시청각 교육을 해야만 한다. 그렇게 되면 그들 스스로 우리 물건들을 사고 정치적으로 우리와 함께 가는 것이 가치 있는 일인지를 판단하게 될 것이다.

저녁에 우리 배는 다시 닻을 올리고 새로이 남쪽으로 항해했다. 하지만 우리는 오랫동안 갑판에 서서 아시아에서 독일의 흑－백－적 삼색기가 나부끼는 그 땅을 자랑스럽게 바라보았다.

2. 상하이

첫째 날

　방앗간 주인은 자신의 물레방아가 삐걱거리기를 멈추면 잠에서 깨어나고, 바다를 항해하는 여행자는 자신이 탄 배가 흔들거리기를 멈추면 잠에서 깬다. 오늘 아침 평소와 다른 정적으로 인해 잠에서 깨어나 선실 창문 밖으로 머리를 내밀었을 때, 나는 내 주위에서 결코 지칠 줄 모르는 푸른 바다물결의 유희가 아니라 황록색 강의 수면과 함께 멀지 않은 강가에 위치한 평평한 육지를 보았다. 그 육지 위 녹색 들판의 한가운데에는 물품창고와 공장들이 서 있었다. 이러한 광경 중 그 어떤 것도 중국을 연상시키는 것은 없었다. 그래서 나는 잠시 생각한 후에야 비로소 내가 어디에 와 있는지를 알게 되었다. 하지만 뒤이어 나는 서둘러 갑판으로 나갈 차비를 차렸다. 왜냐하면 이곳 강은 긴 양자강의 지류인 황푸강(黃浦江)이고, 우리 배가 향해서 가는 도시는 극동의 무역항인 상하이가 틀림없었기 때문이었다.

　하지만 갑판 위에서 내가 본 것은 나의 이성이 좀 전에 내게 말했던 것을 거의 다시 헷갈리게 만들었다. 도대체 여기 어디에 극동이 있단 말인가? 육지 위 녹색 들판으로부터 떠들썩한 신도시가 만들어졌지만, 그 신도시에서 엄청난 규모의 유럽형 도시가 우리를 향해 넓고 거대하게 자라난 것이었다. 그곳에는 함부르크나 로테르담에서처럼 교회가 하늘을 찌를 듯이 솟아 있었고, 차와 보행자들로 북적대는 철골 아치형 다리들이 온갖 수맥들 위에 걸려 있었다. 하지만 이 모든 것들은 그저 내가 뉴욕 이후로 더 이상 구경조차 못했었던 항구의 번잡한 외형에 불과했다. 강가의 세관은 부두시설이 차지하고 있었고, 각각의 부두시설은 크고 작은 배들로 가득 차 있었다. 그러나 가장 거대한 배는 강 한가운데에 닻으로 고정된 채 정박 중이어서 마치 국제 교류용 군함이 밀회를 위해 회동한 것 같았다. 상하이시의 탑들이 여덟 시를 알리자, 배들은 일제히 새날을 맞이하기 위해 깃발을 높이 게양하였다. 이제 이 무슨 민족의 혼란이란 말인가! 실로 대부분의 돛대들에서 영국의 성 조지 십자가 기가 펄럭거렸지만, 우리의 흑－백－적 삼색기도 항구 구역의 백 군데쯤에서 자신의 선명한 삼화음으로 빛을 발했다. 일본의 일장기가 세 번째로 가담했다. 프랑스의 삼색기는 한 무리의 해외 운항선들에서 나부꼈다. 하얗게 반짝이는 두 척의 순양함은 우리의 군기를, 두 척의 짙은 장갑함은 일본 해군의 붉은 국화를 보여 주었다. 독일기와 영국기, 일본기가 사이좋게 나란히 나부끼는 한 무더기의 포함(砲艦)들이 강가 근처에 정박해 있었다. 사람들은 오스트리아와 이탈리아, 노르웨이, 미국의 색들을 보았다. 사람들은 또한 중국의 황룡기(黃龍旗)[55]도 보았는데, 심지어 다른 열강들 국기 사이에서 펄럭이고 있는 것을 자주 보았다. 하지만 흉하게 생긴 용이 그렇듯 격노해서 쳐다볼 정도로, 황룡기는 이곳 항구에서 제대로 주인 행세를 할 수 없었다. 중국 배들은 그럴 만큼 숫자가 많지도, 그렇다고 위풍당당하지도 않았다. 이 상하이는 국제공동체의 일원인 것 같아 보였다. 하지만 이 땅의 원래 주인은 이곳에서 결정권을 갖는 존재라기보다는 참아주는 대상인 듯해 보였다.

그다음 낮 동안에 내가 그 도시에서 본 광경은, 아침녘에 선판(船板)과 국기들을 보고 내가 추측했던 사항들을 확실히 확인시켜 주었다. 이곳은 내게는 완전히 새로운 개념의 국제적인 대도시였다. 넓고

상하이항

---

55) 1988년부터 1912년까지 청조(淸朝) 말기에 사용되었던 중국 국기(國旗)이다. 서구의 영향으로 외교상에 필요한 국기를 만들라는 서태후(西太后)의 명에 따라 1988년 리홍장(李鴻章)이 몇 건의 초안을 만들었고, 그 중에 황룡기(黃龍旗)가 선택되었다. 황색 바탕과 용으로 구성되어 있는데, 이는 바로 청조(淸朝) 황제를 상징하는 상징색이고 상징물이다. 1912년 1월 10일 청조정부가 망하면서 오색기(五色旗)로 대체되었다. 1917년 7월 장쉰(張勳)에 의해 '청조 부활(復辟)'이 시도되면서 잠시 재등장한 적이 있다.

깨끗한 거리 위로 극동 아시아의 대규모 상거래와 교역이 관리되고 단속되는 상인의 궁전들이 들어서 있었다. 위풍당당하고 기념비적인 그곳 대형건물들 안에는 이제껏 내가 아시아 개별 항구들과 작은 상점들에서 만났던 모든 선박 회사들이 나란히 모여 있었다. 그곳에는 생명의 피인 유럽의 돈을 병든 중국의 몸에 수혈하기 위해 애쓰는 온갖 크고 작은 은행들도 있었는데, 그 건물들은 선박회사 건물들을 능가하기까지 했다. 내가 일본과 한국 혹은 만주의 어느 구석에서 한번이라도 이름을 본 적이 있는 대형 상회들 중에서, 이곳에 주 판매처와 가장 큰 창고, 그리고 가장 화려한 진열품들을 두지 않은 상회는 없었다. 그리고 이들 상회들은 비록 지금 각기 영국식 영어, 불어, 미국식 영어 혹은 일본어 이름으로 간판으로 내걸고 있지만, 모두 번창하는 하나의 유일한 거대 공동체였다. 거리에서는 사람들이 영어, 독어, 불어, 일본어로 뒤죽박죽 잡담을 하고 있었다. 하지만 이곳에서 중국인은 단지 짐을 나르고 끄는 육체노동자이거나 심부름 하는 하인 혹은 기껏해야 자신의 수레를 거리 한쪽 모퉁이에서 다른 쪽 모퉁이로 끌고 가는 소상인일 뿐이었다. 중국인 도시는 유럽적인 도시 너머 외곽에 있었다. 더럽고 불쾌한 냄새가 나서, 나는 몇 발자국 외에는 더 이상 그곳으로 들어갈 수가 없었다. 물론 상하이는 또한 중국 해안가에 위치한 수많은 도시들 옆의 한 지점에 불과했다. 이곳에서 중화제국의 무역을 세계무역과 연결시키는 대도시는 바로 유럽적이고 국제적인 상하이였다.

일본의 항구 도시들에도 유럽인 거주지들이 있기는 했지만 작은 지역에 한정되어 있었고, 그곳 주민들은 그 수가 결코 거리 모습에 유럽적인 인상을 줄 수 있을 정도로까지 많지는 않았다. 도처에서 일본 남성과 여성들이 눈에 띄었고, 그 사이에서 소수의 유럽인들은 이 방인처럼 보였다. 북중국에 위치한 항구 톈진만 해도 벌써 이와는 다르다. 그곳에서 유럽인들은 몇 안 되는 거리들에서 사는 것이 아니라, 커다란 도시 자체가 오직 그들만의 소유다. 그곳에서는 유럽인들이 거리의 모습을 주도하고, 원주민은 그들 가운데서 시중드는 육체노동자로만 용인된다. 그럼에도 불구하고 톈진은 국제도시가 아니다. 이와는 반대로 톈진은 각자 자신의 구역을 갖고서 그 안에서 거의 질투하다시피 자신들의 특색을 고집하는 나라들의 진영이다. 이것은 각각의 구역에 개성을 부여하지만, 정작 톈진 자체는 그로 인해 몸살을 앓는다. 거리 사이에는 눈에 보이지 않는 장벽들이 서 있고, 공적인 삶은 마치 결빙된 듯하다. 사람들은 톈진을 그저 소도시들로 이루어진 대도시라고 부를 수 있을지 모른다. 상하이는 이와는 다르다! 여기서는 모든 나라들이 함께 자라나 하나의 커다란 새로운 것으로 합쳐졌다. 이곳은 들어가기를 간청하듯이 중화제국의 문을 두드리는 국제적인 문화공동체 자체이다. 그것은 상하이를 쾌활한 삶으로 넘치게 할 뿐만 아니라, 상하이에 질투심 많은 정치인들이 아니라 수천 명의 대담한 이주민들이 세운 개척도시의 신선한 색깔들을 입혀 준다. 서양의 용감한 정신이 극동에서 이러한 국제도시를 만들어 냈다!

둘째 날

그날 우리는 또다시 모였다! 동명의 뉴욕 소재 호텔에 진정 영광을 안겨다 주는 화려한 애스터 하우스(Astor House)에서 어제 저녁 나의 여행 동반자들을 다시 만나 밤늦게까지 그동안 우리들이 보았던 것들에 대해 전부 잡담을 나눴다. 나는 그들에게 자오저우만에 대해 애기했고, 그들은 내게 그들이 잠시 머물렀던 두 도시, 한카우와 난징에 관해 얘기했다. 중국인들이 원하기만 하면 우리 유럽의 진보와 발명품들을 잘 습득할 수 있음을 증명해 주는 도시라는 점에서 한카우가 미국인 마음에 쏙 들었다. 중국인들은 한카우에 철로와 대포를 주조하는 대형 제철제강소를 세웠다. 낮에는 굴뚝의 숲이 연기구름을 도시 상공으로 내보내고, 밤에는 용광로불의 붉은 섬광으로 하늘이 물든다. 양자강은 수많은 배들로 생기가 넘친다. 계획대로 철도가 베이징에서부터 먼저 남, 동, 서쪽으로 연장되면 아마도 한카우가 중화제국의 경제 중심지, 즉 루이스 씨가 인정했듯이 '중국의 시카고'가 될 것이다. 또한 톈진보다 훨씬 더 크고 웅장한 백인들의 거주지도 그의 마음에 들었다. 다만 미국인도 아니고, 그렇다고 단연코 영국인도 아닌 독일인들이 수적으로 우세하게 이곳을 대표한다는 사실이 그에게 불공평하게 여겨졌을 뿐이었다. 러시아인에게는 오히려 만족스러워할 만한 이유가 있었다. 왜냐하면 한카우 무역의 주력분야인 차 사업이 거의 완전히 러시아의 손아귀에 놓여 있기 때문이었다. 중국인들이 생산하는 특산물은 기와 형태로 압착시킨 일명 기와 차인데, 그것은 질이 낮은 품종의 차 가루와 찻잎을 섞어 만든 차다. 물론 그것은 별미는 아니지만, 이 상품의 주구매자인 몽골의 반쯤 미개한 종족들은 소금물, 기름과 함께 푹 끓여서 이 차로 그들의 요구사항을 완전히 충족시키는 따뜻한 스프를 만든다.

팔케 양에게는 난징이 가장 마음에 들었다. 내 친구들은 한카우에서 증기선을 타고 그곳으로 갔었다. 그녀에게는 도시 전체가 마치 아름다운 폐허처럼 보였다. 도시를 에워싼 풀이 무성하게 자란 높은 성벽들, 수많은 유럽 건물들은 그 속에서 찾아볼 수조차 없게 도시 가득히 뒤죽박죽 지어진 중국인들의 지저분한 작은 집들, 그리고 무엇보다도 도처에서 볼 수 있는 예전의 화려함의 잔해들. 무어 여사가 이야기를 들려주었을 때 비로소 이 잔해들이 얼마나 흥미로워지던지! 그 잔해들은 난징이 황제의 수도였던 위대한 시기, 즉 이미 기원 전 200년에 시작되어 비로소 기원 후 1400년에 끝난 그 시기로부터 유래되었다. 이 도시에 비하면 베이징은 신흥도시처럼 여겨진다. 난징은 지금도 여전히 민간 구전 속에서 제국의 진정한 수도로 계속 살아 있고, 지난 세기 중반에 일어났던 태평천국의 난은 난징의 역할이 아직 끝나지 않았다는 것을 증명했다. 당시에 민중 봉기를 일으킨 종교 광신자 틴테(Tien-Te)56)는 난징에서 자신을 황제로 선포하고, 중국어로 타이핑(太平)이라고 불리는 영원한 평화의 왕조 태평천국(太平天國)을 그곳에 건국하였다. 만약 영국과 프랑스가 청나라의 편에 서지 않았더라면, 그리고 연합군이 틴테(홍슈취안)의 추종자들을 격퇴시키지 않았더라면 그는 베이징의 청 왕조도 함락시킬 수 있었을 것이다.57)

---

56) 문맥으로 볼 때 홍슈취안(洪秀全)을 지칭하는 것이 확실하다. 그런데 홍슈취안을 왜 잘 알려진 톈왕(天王)으로 칭하지 않고 틴테(Tien-Te)로 표기했을까? 틴테(Tien-Te)는 중국어 발음으로 유추해 보면 톈더(天德, Tiande)가 거의 확실하다. 그런데 '천덕(天德)'과 홍슈취안의 관계가 확실하지 않다. 더욱이 홍다취안(洪大全)이라는 인물이 태평천국의 천덕왕(天德王)으로 알려져 있기도 하다. 그러나 근래의 연구에 의하면, 청조 흠차대신(欽差大臣) 싸이상아(賽尙阿)가 태평천국군에 대한 작전에서 패배하자 대죄(大罪)를 면하기 위해 홍다취안을 천덕왕(天德王)이라고 날조해 칭한 것으로 밝혀졌다(彭先國, 「洪大全問題述略」, 『湘潭師範學院學報』 第20卷 第2期, 1999.4. 참조). 천덕(天德)은 천지회(天地會)를 비롯해 청말(淸末)의 비밀사회에서 비밀결사(대표적으로 天地會) 자체를 지칭하거나 일반적인 보통 명사로서 비밀결사의 수령을 지칭하는 칭호로 사용되었다고 한다. 따라서 태평천국의 전신인 비밀결사 배상제회(拜上帝會)의 수령이라는 의미로 톈더(天德)를 홍슈취안에게 사용하였던 것으로 보인다. 여기에 톈왕(天王)을 톈더(天德)로 연상하거나 착각해 사용했을 가능성도 있다. 게다가 홍슈취안이 그의 서양인 스승 Issachar Jacox Roberts(羅孝全)에게 보낸 편지에서 '천덕태평왕인(天德太平王印)'이라는 인장(印章)을 사용한 적이 있다는 설도 있다. 따라서 틴테(Tien-Te)를 홍슈취안과 연결 지어 간주하는 데에는 무리가 없다고 할 수 있다.

57) 여행기 저자는 태평천국의 실패 원인을 오로지 제국주의 열강의 군사 개입에서 찾고 있으나, 이는 말할 것도 없이 여러 각도에서 접근해 볼 수 있다. 요컨대, 첫째, 태평천국 지도사상의 한계가 뚜렷했다. 종교적 색채가 강해 허황된 측면이 있었고, 새 시대 인민의 요구를 충족하기에는 한계가 컸다. 둘째, 태평천국 초기의 엄격한 규율과 도덕성, 인간평등의 지향 등과 같은 혁명적 참신성이 점차 퇴색되었고, 봉건적인 방식과 제도의 부활, 출신지에 따른 파벌의 형성과 지도층 내부의 격렬한 권력투쟁 등이 내부로부터 태평천국을 무너뜨렸다. 셋째, 제국주의 열강의 군사 지원뿐만 아니라, 쩡궈판(曾國藩)의 상군(湘軍)이나 리훙장

1864년 영국과 프랑스가 난징을 점령하자, 틴테(홍슈취안)은 그곳에서 자신의 부하들과 함께 불에 타 자살했다. 이것으로 태평천국의 난이 끝났다. 이때 세계적으로 유명한 '도자기 탑'58)도 붕괴되었다. 팔케 양은 기념물로 주워 온 도자기 탑의 조각을 우리에게 보여 주었다. 그 탑은 78m 높이에, 외부는 유난히 흰 도자기로, 내부는 붉은색과 노란색 광택 타일을 붙인 벽돌로 만들어졌고, 꼭대기에는 큰 금색 구슬과 도시를 온갖 악으로부터 보호해야 할 다섯 개의 귀한 진주들로 만든 둥근 테가 달려 있었다. 하지만 난징 사람들은 자신들의 탑을 결코 몰락에서 지켜 내지 못했다. 왜냐하면 반란군들이 돌 하나도 남기지 않고 철저하게 탑을 망가뜨렸기 때문이었다.

이제 우리는 다시 익숙한 방식으로 차를 타고 햇살이 내리쬐는 시월의 아침 속으로 나갔다. 우리를 에워싼 오가는 대도시의 분주함 속에서 이 상하이가 얼마나 중국답지 않은지를 막 인지하려던 찰나에, 입 밖에도 내지 않은 그 생각은 한 특이한 광경으로 인해 벌써 번복되고 말았다. 당연히 불쾌한 표정을 지을 수밖에 없는 이유가 있는 한 변발 한 남자가 호텔 바로 건너편에 서 있었다. 즉 그의 머리는 네모난 널빤지 속에 끼여 있었던 것이다. 그 널빤지는 칠판만큼이나 커

<hr>

(李鴻章)의 회군(淮軍)같이 한족(漢族) 고위관료들이 주도한 향용(鄉勇)의 군사적 대응이 태평천국에 대한 진압에 커다란 역할을 했고, 이들은 향후 군벌(軍閥)의 바탕이 되었다.

58) 정식 명칭은 '금릉 대보은사 유리보탑(金陵 大報恩寺 琉璃寶塔)'이다. 중국 난징시(南京市) 중화먼(中華門) 밖에 위치해 있다. 명(明)나라 영락제(永樂帝)가 억울하게 세상을 떠난 어머니의 영혼을 위로하기 위하여 사찰과 탑을 건립하였다. 사찰과 탑을 건립하는 데에 약 10만 명이 동원되었고, 특히 유리보탑은 규모가 클 뿐 아니라 정밀을 요하는 공사여서, 1412년 착공하여 20년이 지난 1431년에야 완공되었다. 시공 당시 파손에 대비하여 각종 조각 장식 부자재를 모두 3개씩 준비하고, 남은 부자재를 뒷날 보수하는 데 편리하게 사용하도록 번호를 매겨 지하에 묻어 두었다. 주지하듯이 태평천국은 반란이 계속되는 10여 년 동안 난징을 수도로 삼았는데, 이때 난징의 유물과 유적이 많이 훼손되었다. 당시 반짝이는 타일로 장식돼 중국에서 가장 아름다운 건축물 중의 하나라는 평을 듣던 '유리보탑'도 파괴되었다. 이후 1958년에 이 탑이 남긴 대량의 부자재가 발견되었고, 번호를 매겼던 흔적이 대부분 남아 있었다. 19세기 중엽에 파손된 뒤 약 150년 만인 2008년 3월에 중건 공사가 착수되었다.

서, 누가 장난으로 나무로 넥타이를 만들어 그에게 매어 준 것처럼 보였다. 하지만 러시아인이 우리에게 설명해 준 대로라면, 그것은 장난으로 생긴 일이 아니라 법정이 어떤 범죄 때문에 그 남자에게 준 벌이었다. 만약 우리가 중국어를 할 수 있다면 그의 죄목이 무엇인지도 읽을 수 있을 거라고 러시아인이 덧붙여 말했다. 왜냐하면 널빤지에 붙어 있는 두 개의 길쭉한 종이 위에, 목에 널빤지를 두르도록 선고받은 형량과 함께 그의 죄목이 적혀 있었기 때문이었다. v. Z. 씨가 계속해서 설명했다. "사람들은 이 고문도구를 강(Kang)[59]이라고 부르고, 태형이 너무 약하다고 여겨지는 자를 그것으로 처벌합니다. 이 벌의 곤혹스러운 점은, 강(Kang)이 그것을 쓰고 있는 사람에게 무거운 짐을 부과할 뿐만 아니라 팔과 손을 입으로 가져갈 수 없게 만들어서 그가 먹고 마시는 것을 방해한다는 사실이지요. 그 때문에 그의 친구들과 친척들이 와서 그를 먹여 줘야만 합니다. 하지만 그 중국인에게 가장 곤혹스러운 점은 이 벌과 연계된 공개 전시랍니다. 왜냐하면 여기 있는 모든 사람들 앞에서 형벌 기둥 옆에 서 있게 되면 당연히 그는 체면을 잃게 되기 때문이지요." "체면을 잃는다니요?"라고 팔케양이 물었고, 우리도 이해가 안 된다는 듯이 러시아인을 쳐다보았다. 무어 여사가 대신 설명했다. "그 말은 누군가가 공개적으로 창피를 당한다는 데 꼭 들어맞는 중국식 표현입니다. 그리고 실제로 중국인들은 체면을 잃는 것을 지구상에 일어날 수 있는 일 중에 가장 최악이라고 생각합니다. 곧잘 그들은 단순히 이 치욕을 자신에게서 떨쳐

---

59) 전통시기 '죄수 목에 씌우는 칼'을 말한다. 현재 중국어로는 '枷'이라고 쓰고 '자(jiā)'라고 읽는다. 옛날 발음이 많이 남아 있는 광동어(粤語)로는 'gaal'이라고 하고, 객가어(客家話)로는 'gal'이라고 한다[漢典(http://www.zdic.net/) 참조]. 영어로도 '캉(cangue[kæŋ])'이라고 한다. 이런 사실로 미루어 보아, 예전에 강(Kang)에 가깝던 발음이 연성화(軟性化)되어 지금의 '자(jiā)'로 변화된 것으로 보인다.

버리기 위해서 극도로 우스꽝스러운 희극을 벌입니다. 때때로 어느 명망 있는 자리에 있는 부유한 자가 법과 갈등이 생겨 태형을 선고받는 일이 있습니다. 물론 정말로 일이 그렇게 진행되어 형리가 그를 붙잡아 재판관 앞에서 채찍질로 벌을 주었다면, 그는 영원히 체면을 잃었겠지요. 하지만 실제로 그런 일은 일어나지 않습니다. 모든 법정으로 들어가는 문 앞에는 돈과 덕담을 위해 자신이 대신 형리의 매를 맞으려는 가난한 자들이 배회하고 있지요. 대리인을 확보한 피고는 자신의 체면을 걱정할 일이 없다는 사실을 의식하면서, 재판관 앞에 무릎을 꿇고 앉아 무표정한 얼굴로 그의 수치스러운 행위들을 들려주는 재판관의 설교를 경청합니다. 다음 순간 재판관이 죄인을 엎드리게 해 치라는 명령을 내리자마자, 형리는 대리인을 붙잡고 매를 때립니다. 대리인은 매를 통해 허용된 방식으로 자신의 생계를 버는 것이니 체면을 잃을 일이 없지요. 재판관은 눈썹 하나 까닥하지 않고 이 희극을 지켜봅니다. 공정성의 측면에서도 제대로 처리가 된 셈이지요. 왜냐하면 또한 피고가 신체형을 받지 않았다면, 사정에 따라서는 체면을 유지하는 데 얼마나 더 많은 돈이 들어갔을지를 그가 자신의 지갑에서 훨씬 더 많이 감지했을 테니까요. 그는 대리인에게만 돈을 주는 것이 아니라, 형리와 심지어는 재판관에게 자신이 태형을 면할 수 있는 대가를 지불해야 했겠지요.”

　그 사이에 우리는 상하이의 번화한 중심가인 와이탄(Bund)[60]에 와

---

60) 근현대시기 상하이 공공조계의 중심지였던, 지금의 황푸강(黃浦江) 일대 ‘와이탄(外灘)’을 말한다. ‘탄(灘)’은 말 그대로 강가에 생기는 모래톱(沙柱)을 의미한다. 상하이에서는 습관적으로 황푸강의 상류는 ‘리황푸(裏黃浦)’라고 하고, 하류는 ‘와이황푸(外黃浦)’라고 했다. 그래서 ‘황푸강 하류의 모래톱’이라는 의미로 이곳을 ‘와이황푸탄(外黃浦灘)’이라고 했고, 그 줄임말로 ‘와이탄(外灘)’이 되었다. 영어로는 ‘The Bund’라고 하는데, ‘강가, 제방, 부두’라는 뜻(bund)에서 유래하였다. 와이탄은 원래 자연 상태의 여울목으로, 주변에는 선원들이 배를 끌고 가는 비좁은 진흙길밖에 없었다. 아편전쟁에 이은 ‘난징조약’으로 상하이가 개항장이 되었고, 1845년 11월 ‘상하이토지장정(上海土地章程)’이 통과되어 와이탄 서쪽 일대가 영국조계

상하이의 거리

있었다. 그곳의 한쪽은 배들로 혼잡한 항구가, 다른 쪽은 대형 은행들과 동아시아 무역회사들의 호화로운 건물들, 몇몇 웅장한 회관들이 차지하고 있었다. 하지만 맨 먼저 길과 물 사이로 여전히 한 작은 공원이 숨어 있었는데, 그곳의 녹지 사이로 기념물이 하나 빛나고 있었다. 우리가 천천히 그 옆을 지나갈 때 "그것은 더 볼 필요도 없어요."라고 러시아인이 말했다. "그것은 유명한 고든 장군 휘하에서 태평천국의 난을 진압한 영국과 프랑스 전투부대들의 출정을 기억하기 위해 만든 단순한 기념물입니다. 한 번도 심각한 패배를 겪지 않아서,

---

로 편입되었다. 이는 이후 공공조계(公共租界)가 되었다. 1849년 프랑스도 와이탄 일부를 점거하여 별도로 프랑스조계를 건설하였다. 이때부터 1940년대까지 와이탄은 공공조계의 공부국(工部局)과 프랑스조계의 공동국(公董局)이 통제하는 '식민지'였다. 조계가 설치되고 얼마 되지 않아 영국영사관이 세워졌고, 1848년 황푸강가의 강변도로가 18m 넓이의 대로(大路)로 개조되었다. 대로 동쪽으로는 부두가 건설되었다. 대로에는 Sassoon Sons & Co.(沙遜洋行), Ren Line(仁記洋行), Bandinel & Co.(旗昌洋行) 등 유수 외국기업의 건물과 10여 개의 주요 은행이 들어서 상하이 금융 및 경제 중심지가 되었다.

사람들은 약간 우쭐대듯이 그 부대들을 '영원한 무적 군대'라고 부르지요." 무어 여사는 러시아인이 정확히 그녀 나라 사람들의 영웅적인 행위에 관해 말하는 방식에 화가 났다. 하지만 v. Z. 씨가 얼른 그것을 알아채고 혼신의 힘을 다해 그것을 다시 만회하려고 노력했다. 그가 말했다. "근본적으로 오늘날의 상하이가 있기까지는 영국인들의 공이 컸기 때문에, 다른 국가들은 이곳에서 상당부분 영국인들이 뿌린 씨를 거두어들였을 뿐이라는 점을 인정해야만 합니다. 왜냐하면 이미 1843년에 영국인들이 임차료를 주고 중국인들로부터 땅의 일부를 양도받은 뒤 늪같이 질퍽한 이 땅에 간척사업을 하고 최초의 주택들을 세웠기 때문입니다. 몇 년 뒤에는 프랑스인들과 미국인들도 영국인들의 선례를 따랐지요. 하지만 1854년 영국인들은 누구나 자신들의 관할 구역에 와서 정착할 수 있도록 그곳이 모든 국가에 활짝 열려 있다고 공표했습니다. 곧이어 미국이 이 초대에 응했고, 영국과 함께 상하이를 국제도시로 만들었지요. 이후에 독일, 그리고 마지막으로 일본이 이곳에 입성했습니다. 이 나라들 역시 영국과 더불어 시의 업무를 관할하는 공부국(工部局, Shanghai Municipal Council)[61]에서 의석과 투표권을 갖고 있지요. 프랑스만 멀찍이 떨어져서 국제 공동체에 가입하지 않았답니다. 하지만 프랑스 구역은 또한 바로 그 때문에 상하이의 나머지 지역과 더불어 발전하지 못했지요." "원래 그 땅의 주인이었던 중국인들은 그 도시에서 이제 어떤 권리를 갖는 거죠?" 루이

---

61) 정식 명칭은 '상하이 공공조계 공부국(上海公共租界工部局)'이다. 'Shanghai Municipal Council'을 중문으로 번역한 것인데, 기능이 중국의 '공부(工部)'와 유사하다고 생각해 '공부국(工部局)'이라고 이름 지은 것이다. 1853년 9월에 소도회(小刀會)가 상하이현성(上海縣城)을 공격해 점령한 이후, 청조정부는 외국인 거류지에 대한 통제력을 상실하였다. 1854년 7월 11일 상하이 조계는 행정자치기구인 공부국을 조직하고, 경찰, 법정, 감옥 등 정부와 유사한 체계를 구축하기 시작했고, 시정건설(市政建設), 치안관리, 세금징수 등의 행정관리활동을 진행하였다. 공부국은 실질적으로 조계시정부(租界市政府) 역할을 수행하였다. 이후 다른 도시의 조계들도 이와 같은 방식을 답습하였고, 톈진(天津)에서는 심지어 군대까지 주둔시켰다.

스 씨가 알고 싶어 했다. "전혀 없습니다." 러시아인이 웃으며 말했다. "좀 전 공원 입구에 있던 푯말 못 보셨습니까? 거기에 이렇게 쓰여 있었지요. 중국인 출입 엄금! 그들은 중국인들이 유럽 공원을 이용할 줄은 모르고 오히려 더럽힐 뿐이라는 사실을 경험했고, 그래서 중국인들에게 즉각 공원 방문을 완전 금지해 버렸답니다. 중국인들은 상하이 전역에서 꼭 그런 대접을 받고 있습니다. 중국인들은 백인들에게 봉사해야 하고, 특별 허가를 받아야 하고, 또 가게를 열려면 무거운 세금을 내야 하지만, 시의 통치와 관리에는 전혀 관여하지 못합니다. 심지어 그들의 소송에 대한 판결은 소위 혼합 법정, 즉 중국 재판관들 외에도 낯선 강대국들의 대표들이 동석하는 법정에서 내리게 되지요. 그럼에도 불구하고 수많은 부유층 중국인들이 외국 조계에 정착했답니다. 여기서 그들은 정당한 대우와 그들의 중국 도시에서는 벗어날 수 없는 청나라 고관들의 갈취로부터 보호받을 수 있다는 사실을 발견한 것이지요. 하지만 이 모든 것에도 불구하고 우리는 상하이가 내세울 수밖에 없는 가장 아름다운 기념비를 지나쳐서는 안 됩니다."

우리가 탄 차가 감동적인 예술작품 앞에 멈춰 섰다. 산산조각 난 검은 동으로 만든 배의 돛대, 선판의 잔해, 돛의 일부, 국기가 효과적으로 조화를 잘 이루고 있어서, 전쟁 때 파도와 함께 가라앉은 전함의 모습이 곧바로 머릿속에 그려졌다. "이것은 당신네 독일의 일티스(Iltis)[62]를 의미합니다."라고 v. Z. 씨가 말했다. 유럽과 관련된 사항들에 대해 그다지 많이 모르는 루이스 씨조차 기억해 낼 수 있었다. "그

---

62) 1896년 황해(黃海) 바다에서 강한 태풍을 만나 침몰한 독일 군함 '일티스호'를 말한다.

건 산둥반도 앞바다에서 침몰한 독일 포함이잖아요. 그 와중에 병사들은 파도가 그들을 삼킬 때까지 조국애를 담은 노래를 불렀고요." "1896년 6월 23일이었지요."라며 내가 알고 있는 사항을 덧붙였다. "그리고 그것은 흑－백－적 삼색기에 바치는 노래였습니다. 그 노래와 함께 58명의 수비대원들이 최후를 맞이했고요." "어쩌다 그런 불행한 일이 일어났죠?"라고 루이스 씨가 물었다. "태풍 때문에요." 러시아인이 대답했다. "중국 바다의 고약한 유령. 태풍이라는 단어를 번역하면, '거대한 바람'이지요. 그것은 시속 150~200km의 속도로 이동하는 엄청난 회오리 돌풍입니다. 태풍은 마치 열린 무덤 안을 들여다보는 것과 같은 느낌이 들 정도로, 바다 깊숙이까지 파도가 출렁이도록 만듭니다. 다행히도 태풍은 특정 몇 달간만 출현했다가 사라지지요. 또 태풍은 항상 같은 방향으로 진행한 뒤 그곳에서 며칠씩 머물기 때문에, 배들은 대부분 태풍을 비껴가는 길목으로 항로를 조종합니다. 물론 그러기 위해서는 더욱이 제때 태풍의 출현과 위치에 관해 보고받는 것이 필수지요. 그래서 이를 위해 동아시아의 전 해안에 훌륭한 기상대가 설치되어 있습니다. 그 중앙부가 상하이지요. 상하이 남서부에 위치한 지카바이(Sikawei)[63]에 유명한 예수회 수도원이 있는데, 그곳에 사는 신앙심 깊은 자들은 중국인들에게 기독교를 전도하는 데 종사할 뿐만 아니라 또한 뛰어난 기상대[64]를 두고 있습니

---

63) 상하이의 '쉬자후이(徐家匯)'이다. '쉬자후이'는 상하이에서도 유서 깊은 상업중심지로 유명하다. 상하이 방언으로는 '쉬자후이'를 '지가웨이(Zigawei)'라고 하는데, 'Zigawei'에서 'Sikawei'라는 지명이 유래한 것으로 보인다(WIKIPEDIA 'Xujiahui' 항목 참조).

64) '쉬자후이 관상대(徐家匯觀象台)'를 말한다. 1873년에 프랑스인 선교사 가오하오딩(高鎬鼎)이 발기하여 건립이 시작되었다. 이미 자오자방(肇嘉浜) 언덕에 기상대를 설치해 1872년 2월부터 기상 상황을 기록하기 시작하였는데, 건물이 너무 좁고 누추했다. 이후 기상 사업이 신속히 발전해 마침내 1899년에 '쉬광치묘(徐光啓墓)'의 동쪽 끝 지점에 새로운 기상대를 짓기 시작하였고, 1901년에 옛 기상대를 신축 기상대로 옮기는 사업이 완성되었다.

다. 그곳의 폭풍 경보는 늘 거의 들어맞지요. 그곳 기상대 예보는 이곳 항구에 게시되고, 무선 전신으로 외부로 보내집니다. 육지 주민들조차도 태풍의 피해를 입을 수 있어요. 예를 들어 내일 저희가 가려는 홍콩에서도 1906년에 만 명도 넘는 중국인들이 저런 회오리 돌풍에 희생되었지요."

우리 주변 사람들의 무리가 더욱 활기에 넘쳐 보였다. 항구 쪽 크고 작은 배들의 뗏목들은 더욱 바짝 붙어 있었고, 육지 쪽의 무역 관련 호화 건물들의 대열은 더욱 화려해졌다. 이제 우리 차는 물가를 떠나 시내 쪽으로 들어갔고, 우리는 베를린 혹은 런던에나 있을 법한 번화가에 와 있었다. 푯말에 난징로(南京路)라고 쓰여 있는 그곳에는 예술품 가게들이 줄지어 늘어서 있었다. 여기서는 귀한 견직물을, 저기서는 아주 진기한 자수품을 살 수 있었다. 여기에는 유럽 및 아시아 예술의 놀라운 청동상들이 있었고, 저기서는 유명한 대가들의 유화와 컬러 인쇄물들을 구할 수 있었다. "전 여기에서 오후 내내 쇼핑할 거예요."라고 팔케 양이 황홀한 듯이 외쳤다. 이 말에 러시아인이 자신의 의견을 피력했다. "그저 상인들에게 속지 않도록 주의 하십시오! 제 친구 한 명이 최근에 이 예술품 가게들 중 한 곳에서 소위 마호가니 나무로 만든 진짜 부처라고 하는 것을 샀었지요. 그리고 집에 와서 그 부처를 따뜻한 벽난로 위에 올려놓았더니 그 훌륭한 모습이 완전히 산산조각 나기 시작하더랍니다. 즉 그 부처는 종이덩어리를 아교로 붙여 만든 것이었어요." "제가 옆에서 조언해 드릴게요."라며 무어 여사가 벌써 어두운 얼굴을 하고 있는 나와 같은 나라 사람인 팔케 양을 위로했다. "그건 그렇고 저기를 한번 보세요. 우리 벌써 또 다시 물 근처에 와 있네요." 정말로 우리 차는 골목길을 꺾어 들어가서 다시 항구 쪽을 달리고 있었다. 하지만 이곳의 집들은 이전보다는 덜 화려했고, 물 위에는 특이한 대나무 돛에 황룡기를 돛대에 매단 중국 배들만 떠 있었다. "여기서도 여전히 중국 항구의 일부가 보여요."라고 v. Z. 씨가 외쳤다. "이 배들의 앞쪽을 한번 자세히 보세요. 양옆에 눈이 있는 것 알아채시겠어요? 아시다시피 중국인들은 모든 사물에 생명이 있다고 생각해서, 배들이 길을 찾아야 할 때 볼 수 있어야 한다고 믿는답니다. 그래서 배의 좌우에 눈을 그려 넣지요." 그 사이에 무어 여사는 몹시 호기심 어린 눈으로 그 근방을 유심히 관찰하고 있었다. 그녀가 말했다. "제가 마지막으로 여기 왔을 때, 저는 정확히 진정한 중국 풍경의 산 증인이었어요. 그 당시에는 여전히 작은 집들이 물가까지 바짝 붙어 서 있었지요. 하지만 그 집들은 와이탄이 여기까지 연장되도록 하기 위해서 주민들이 이미 없애 버렸답니다. 하지만 철거가 시작되기 전에, 황푸강의 파수꾼인 용과 그 수하들에게 신축에 대해, 그리고 신축으로 인해 그들의 평온이 깨지는 것에 대해 용서를 빌어야만 했습니다. 이를 위해서 청나라 고관들은 물가에 오로지 강의 신들만을 위한 제단을 하나 만들었지요. 그리고는 신들에게 제물을 바치며, 새로운 길을 닦는 데 화가 나서 공사에 종사하는 노동자들을 그들이 사는 물속으로 데리고 들어가지 말아 달라고 간청했답니다. 모두가 무릎을 꿇고 있는 동안에 한 사람이 이러한 청을 큰소리로 낭독했지요. 그다음에는 그것이 적힌 종이를 태워 그 재를 강에 뿌렸답니다."

시계탑이 한 시를 칠 때, 우리 차는 화려한 와이탄을 따라 달려 호텔로 돌아왔다. "이곳에는 일티스 기념비[65) 외에도 독일의 또 다른 흔적들이 남아 있습니다." 러시아인이 또다시 말문을 열었다. "저쪽에 사람들이 정원에 앉아서 오찬을 들고 있는 화려한 대형 건물이 보이시나요? 그것은 상하이의 큰 독일 교민단체의 회합 장소인 독일 클럽입니다. 그곳에서 당신은 모든 대형 독일신문들과 잡지들, 그 밖에 아마도 당신네 나라 대부분의 도시들에서는 볼 수 없는 대규모 도서관을 발견하시게 될 것입니다. 우리 호텔 부근에는 독일 학교와 독일 복음교회가 있고요. 만약 한 시간 전에 그쪽 길을 따라 걸어갔더라면, 당신은 순전히 사소한 체험들에 관해 독일어로 얘기를 나누는 독일 아이들만 만날 수 있었을 겁니다. 훌륭한 내용 때문에 많은 다른 나라 상인들이 읽는, 아주 명망 있는 독일 잡지 동아시아판 로이드(Lloyd)[66]가 이곳 상하이에서 발행됩니다. 마지막으로 공원에서 정기적으로 음악회를 여는 시립악단이 독일 지휘자를 두고 있다는 사실은 자명한 일이지요. 왜냐하면 독일인들은 이제 실로 음악에 관한 한 전 세계로부터 세습 임차권을 획득한 셈이니까요."

저녁에 나는 상하이에서 독일적인 것을 넘어서는 뭔가 다른 것을 더 경험하게 되었다. 오후에 독일 총영사를 방문했는데, 가볍게 요기하기 위해서 그와 함께 클럽에 앉아 있다가 그곳에서 많은 독일 사람들을 알게 되었다. 그들은 내게 상하이와 중국 전체에서 독일이 갖는

---

65) 독일은 1896년 황해 바다에서 강력한 태풍을 만나 침몰한 독일 군함 '일티스호'를 추모하기 위해, 칭다오(靑島)에 건설한 병영에 '일티스'라는 이름을 붙였다. 뿐만 아니라 1898년 상하이의 독일 교민 사회는 성금을 모아 '일티스호'를 위한 기념비를 세우기로 결정하였다. 기념비는 독일의 저명한 조각가 아우구스트 크라우스(August Kraus)가 만들었다. 같은 해 11월 21일 상하이 와이탄에서 제막식이 거행되었다. 제막식에는 독일 각계 인사들 뿐만 아니라 오스트리아, 러시아, 영국, 미국 등의 군함에서 파견한 선원들이 참석하였다.

66) 정식 명칭은 'Der Ostasiatische Lloyd'이다. 중국에서는 『덕문신보(德文新報)』라고 하였다. 상해 거류 독일인들이 1886년에서 1917년까지 상하이에서 발간했던 동아시아에서 가장 오래된 독일어 신문이다. 이 신문은 주로 동아시아 지역에 유통되었으며 독일에도 독자가 있었다. 그만큼 사회적으로 큰 영향력을 발휘했다. 이는 정치, 경제 뉴스뿐만 아니라 중국과 동아시아의 문화, 역사를 포함해 광범위한 정보를 다루었다. 또한 독일 외교관, 상인 그리고 독일어를 사용하는 사람들을 하나로 묶어 종교적, 문화적 활동을 함께 하도록 만들어주었다[왕웨이지앙, 「Der Ostasiatische Lloyd(『덕문신보(德文新報)』)와 상해 거류 독일인」, 『도시인문학연구』 제2권 제2호, 2010. 참조].

이해관계에 관해 이야기해 주었다. 독일은 이 도시에 독일 아이들을 위한 학교를 두고 있을 뿐만 아니라, 또한 독일인 선생님이 중국 학교에서 독일식 수업을 하기도 한다. 그 밖에도 상하이에는 독일 의학교가 있어서 그곳에서 독일 학자들이 중국인들을 의사나 의학자로 수련시키면서, 이러한 방식으로 중국에서 독일의 영향력을 강화하려고 노력한다. 하지만 이 모든 시도들에도 불구하고, 독일은 여전히 다른 나라들, 즉 영국이나 미국보다 훨씬 뒤처져있다. 우리 독일이 학교를 위해 수천을 쓰는 데 그친다면, 그 나라들은 몇 십만을 쓴다. 중국인들에게 유럽식 지식을 전수하는 또 다른 방법은, 중국의 젊은이들이 유럽이나 미국에서 공부하도록 동기를 유발하는 것이다. 이 방법역시 영국과 미국은 열심히 적용하고 있지만, 그에 반해 우리 독일은여전히 거의 아무것도 하고 있지 않다. 중국 내 독일 상품의 수입률역시 전체무역량에 비춰 볼 때 전혀 다른 나라들만큼 대단하지 않다. 그것은 독일 정부와 독일 상인들이 중화제국에서 여전히 많이 애써야 할 부분이다. 다른 나라들이 너무 멀리 앞서가지 않도록 우리 독일인들이 좀 더 활발하게 움직이면 좋겠다. 중국인들은 대체로 우리독일인들에게 호의를 갖고 있고 독일 상품과 독일의 힘에 대해 높이평가한다. 따라서 밭은 좋다. 하지만 역시나 경작되어야만 한다.

제4장

화남에서

1. 홍콩

우리가 탄 배는 5일간 남쪽으로 항해했다. 카이로와 같은 위도에
위치한 상하이의 온화한 날씨에도 나는 놀라지 않았었다. 왜냐하면
우리 고향에서도 10월에는 초가을의 쌀쌀함 뒤에 따뜻한 날들이 여
러 날 계속되곤 하기 때문이다. 먼저 연두색 옷을 입은 들판과 무성
한 잎으로 치장한 나무들이 벌써부터 내게 더 남쪽에 위치한 이곳 하
늘 아래에 와 있다는 사실을 상기시켜 주었다. 그 후 고즈넉한 바다
위에서 억센 북풍이 4일 내내 등을 향해 불어오는 바람에, 우리는 외
투를 벗기보다 오히려 더 꼭 껴입었다. 하지만 어제는 바람이 점차
잦아지더니 늦가을의 쌀쌀함이 부드러운 여름 더위로 바뀌었다. 마치
달력상으로 6월이나 된 듯이 우리는 저녁에 갑판 위에 앉아서 환담을
나누었다. 밤사이 온도계의 눈금이 급격히 올라갔다. 오늘 아침 잠에
서 깨었을 때 너무 더워서, 나는 화창하고 생기 있는 일본에서 마지

막으로 입었던 하얀 열대지방 옷을 서둘러 다시 여행 가방에서 꺼냈
다. 이제 중국에서도 햇빛과 색으로 가득한 날들이 내게 오려나?

정말 그랬다. 우리가 탄 증기선이 높은 산 입구로 진입해 들어가는
것을 보기 위해서 나는 위쪽 갑판 위로 나왔다. 암석은 태양이 내리
쬐어 작열하곤 하는 헐벗은 바위들로 인해서 짙은 청적색을 띠고 있
었다. 하지만 바닷가의 몇 안 되는 생존가능지역에는, 마치 산들이 직
접 장난삼아 만든 듯, 네모난 돌로 대충 끼워 맞춘 돌 움막들이 서 있
었다. 그 위로는 해가 내리쬐는 야자수들의 긴 목이 하늘을 향해 뻗
어 있었고, 여기저기 어두운 수풀에 떨어진 나뭇가지들은 심지어 이
청적색의 황무지에도 수맥이 전혀 없는 것은 아니라는 사실을 암시
하고 있었다. 하지만 다음 순간 풍경이 변했다. 입구가 산에 둘러싸인
분지와도 같은 형세로 바뀌며 확 트였다. 그곳 해안가의 좁은 땅은
도회적인 건물들로 뒤덮여 있었다. 오로지 이곳의 뒷배경만 여전히
황무지의 우중충한 색들로 활활 타오르고 있었다. 병풍과도 같은 나
머지 주변 경관들은 매혹적인 열대의 초록 옷을 입은 채 빛나고 있었
다. 삼나무와 무화과나무 사이로 흰색으로 번쩍이는 궁궐들이 서 있
었다. 높은 대나무 줄기가 알록달록한 별장들 위로 휘어져 있었고, 울
창한 정원들 위로는 깃털 모양의 큰 야자수 잎들이 솟아 있었다. 수
많은 화려한 배들이 푸른색으로 어슴푸레 빛나는 바다를 한가득 메
우고 있었다. 우글거리는 배들은 이 엄청난 주변경관으로 인해 상하
이 황푸강의 상선들만큼 강렬하게 눈에 들어오지는 않았지만, 전체
경관에 놀랍도록 아름다운 생기를 불어넣고 있었다. 우리가 저쪽 해
안가 녹색이 무성한 도시, 중국 해안에 위치한 저 유명한 영국령인
홍콩섬의 요충지 빅토리아로 걸어 들어가기 위해서 물 위 감옥과도

같은 배를 떠날 때까지 시간이 너무나 더디게 흘렀다.

이번에 우리는 다 같이 한 차를 타고 낯선 세계를 알아가는 것을 포기해야만 했다. 왜냐하면 홍콩에서는 산의 절벽들이 바닷가에 바짝 붙어 있어서, 도시 대부분이 말이 끄는 마차로는 올라가기가 힘든 계단식 지형을 하고 있기 때문이었다. 하지만 그 대신에 다른 운송수단이 있었다. 중국인 육체노동자들이 2인 1조로 돈을 받고 가마를 태워 줬는데, 등나무를 세공한 가마에 아주 편안히 앉아 있으면 그들이 한 명은 앞에서, 다른 한 명은 뒤에서 가마를 지고 천천히 박자를 맞춰 걸으면서 가장 좁고 가파른 길들을 따라서 올라갔다가 내려왔다. 우리가 빅토리아 피크로 향할 때, 우리들 다섯 명은 열 명의 중국인들과 함께 하나의 작은 행렬을 이루었다. 하지만 러시아인의 명령에 따라 중국 노동자들이 가능한 한 나란히 붙어서 갔고, 그 때문에 대부분의 경우 두 대의 가마가 나란히 길을 가게 되어서 우리의 대화는 아주 가끔만 중단되었다.

빅토리아의 첫인상은 온전한 유럽 도시인 상하이에서 받은 첫인상과 완전 똑같았다. 단지 이곳은 독일이나 영국이 아니라 이탈리아나 스페인에서나 볼 수 있을 법한 그런 도시였다. 집들이 마치 궁궐처럼 당당하고 높다랗게 나란히 서 있었다. 집들은 모두 흰색, 노랑, 빨강, 파랑 같이 더위에 가장 잘 견딜 수 있는 선명한 색들이었는데, 길가 쪽에 실내 복도를 만들어 두어서 우리 역시 행인들과 상인들 틈에 끼어 실내복도의 서늘한 그늘로 이동해 갔다. 그 사이 해가 쨍쨍 내리쬐는 노출된 거리들은 마치 인적이 끊긴 듯이 황량했다. 흰 대리석 동상들이 있는 몇몇 녹지들이 이 궁궐 도시를 더 당당해 보이게 했다. 특히나 이 도시와 이름이 같은 수호자 빅토리아 여왕의 멋진 새 동상이 그러했는데, 이 동상은 우리가 있는 이곳이 영국령이라는 사실을 상기시켜 주었다. 하지만 그림 같은 시계탑 부근에서 도시의 저지대 경계에 도달했을 때 비로소 거리풍경이 진짜 흥미로워졌다. 이제 우리가 접어든 길은 벌써부터 울퉁불퉁하고 직각으로 굽어져 있었다. 뿐만 아니라 그 길 도처에는 중국인들이 그 안에 앉아서 어떤 일에 종사하고 있는지를 볼 수 있는 수백 개의 작은 상점들이 가득했다. 여기서는 한 파란 작업복을 입은 자가 땋은 머리가 쉬지 않고 공중에 날아다닐 정도로 열심히 구두를 수선하고 있었고, 저기서는 한 시계 수리공이 커다란 뿔테 안경이 걸쳐진 코를 톱니장치 깊숙이 박고서 온갖 낡은 시계들을 수리하고 있었다. 여기서는 한 재단사가 파란색과 흰색의 새 작업복들을 만들기 위해서 천을 적당한 크기로 자르고 있었고, 저기서는 한 제빵사가 온갖 케이크들을 굽고 있었는데 엄청 달콤한 향기가 거리 전체에 가득 퍼졌다. 이쪽에서는 한 과일장수가 단조로운 창법으로 자신의 상품을 선전하며 이리저리 오가고 있었고, 저쪽에서는 어떤 물 나르는 자가 양동이 두 개를 양옆에 매단 대나무 막대를 어깨에 지고 가면서 사람들을 향해 짧게 "조심!"이라고 외쳐 댔다. 하지만 이 길에서부터 산으로 향하는 옆 골목들을 쳐다볼 때는 풍경이 훨씬 더 다양했다. 그곳에는 파란색과 빨간색 천들이 길 위를 가로질러 걸려 있는가 하면, 다른 천들은 마치 깃발처럼 집에 걸려 있었다. 그 위에는 모두 분명 무언가 사업을 선전하는 듯한 내용이 한자로 쓰여 있었다. 하지만 이곳에서 가장 아름다운 것은, 화사한 상품들을 팔려고 내놓은 길게 늘어선 꽃장수 가게들이었다. 마치 며칠 후면 11월이 아니라 7월이 오기라도 하듯이, 그곳에는 장미와 카네이션, 라일락과 재스민, 꽃무와 흰 제비꽃으로 가득한 광주리들이 놓여 있었다.

그러나 이제 우리가 도시 남부로부터 중심부에 도착했을 때, 그것들은 우리를 기다리고 있던 장관의 맛보기에 불과해졌다. 여러 색의 천들이 걸려 있는 골목들이 녹색 정원들 속으로 자취를 감추었다. 우리는 이 정원들 사이를 천천히 걸어 아마도 계속해서 200m 정도 높이까지 올라갔던 듯하다. 공기가 이곳에 피어 있는 꽃향기로 숨이 막힐 듯했다. 도처에서 미모사, 아카시아, 만향옥, 난초가 야자수와 삼나무 틈새, 무화과나무와 대나무 덤불 사이로 고개를 내밀고 있었다. 그런데 이 열대 정원들 한가운데에 테라스와 발코니, 입상과 분수가 있는 화려한 별장들이 서 있었다. 이 호화로운 곳에서는 여름옷을 입은 유럽 남녀들이 산책하고 있었다. 나무 꼭대기에서는 비둘기들이 구구거리고 매미들이 울어 댔고, 이 꽃에서 저 꽃으로 황록색의 커다란 나비들이 날아다녔다. 그다음 순간 갑자기 난간이 큼직한 테라스로 변하며 넓어졌는데, 그 테라스는 굽이치는 산 주위를 마치 띠처럼 휘감고 있었다. 우리는 이제 넓고 평평한 길을 따라 수직 방향으로 계속 여행했다. 황홀해서 우리는 서로 경쟁하듯이 감탄사를 내뱉었다. 항구의 푸르른 만이 우리 발아래에 마치 그림같이 놓여 있었다. 분명 네팔조차 시샘할 만한 아름다운 자연경관의 진정한 정수였다. 더는 오랫동안 가마를 타고 있을 수가 없어서, 우리는 가마에서 내려 매혹적인 경관을 더 잘 즐기기 위해 비탈길로 갔다. 우리 바로 옆에 널찍한 집이 한 채 있었다. 그 집 뒤 정원은 육지와 바다의 전경을 한눈에 내려다볼 수 있는 한층 더 탁 트인 전망을 제공할 것이 틀림없었다. 용기를 내서 그리로 들어가야 할 것인지? 나는 문패를 보고 엄청 놀랐다. 문패에서 한 성직자의 이름과 "베를린 고아원"이라는 문구를 읽을 수 있었다. 이제 나는 당연히 종을 잡아당겼고, 한 수녀가 예기치 않게 방문한 우리를 최대한 친절하게 맞이하며 환영해 주었다. 그녀는 마침 신부님이 안 계시다며 사과하고는 직접 우리에게 시설을 돌아다니며 안내해 주었다. 여전히 나는 뭔가 감동적인 것은 보지 못했다. 그곳에는 모두 유럽 아이들처럼 차려입은 광이 날 정도로 깨끗한 중국 여아들이 수백 명 있었다. 우리는 그 아이들이 즐겁고 자유롭게 함께 어울려 노는 것을 보았다. 반면 우리는 또한 그 아이들이 예의바르게 책상 의자에 앉아 있는 것도 보았고, 찬송가를 부르는 것도 들었다. 우리에게 익숙한 멜로디가 이 중국 아이들의 목청에서 울려 퍼지니 이상한 느낌이 들었다. 그곳은 기독교 이웃 사랑의 산물로, 한 베를린 단체가 이 고아원과 함께 기획한 시설이었다. 중국 조상숭배의 가장 끔찍한 어두운 일면은, 중국 부모들이 아들 낳기에만 집착한다는 사실이다. 왜냐하면 부모가 돌아가셨을 때 혼이 잘 지내실 수 있도록 반드시 죽은 부모에게 절을 하고 제사음식을 올려야 하는데, 아들들만이 이것을 할 수 있기 때문이다. 딸들은 그럴 자격이 없고, 그래서 여러 모로 불필요한 존재로 여겨진다. 그 결과 많은 매정한 부모들이 자신의 딸들을 모든 수단을 동원해서 떨쳐 버리려고 기를 썼다. 심지어 중국에는 새로 태어난 딸들을 죽이거나 버려야만 아들이 태어날 수 있다는 끔찍한 미신이 지배하고 있다. 이러한 정황들의 결과로, 중국에서는 매년 수십만 명의 여아들이 몰락의 길을 걷는다. 그 때문에 포머른(Pommern) 지방 출신의 선교사 귀츠라프(Gützlaff)와 베를린의 크낙(Knack) 신부가 한 단체를 만들었고, 1861년에 고아원을 설립한 뒤 그곳에서 버려진 중국 여아들을 모아 돌보며 기독교인으로 키워 냈다. "그런데 아세요?"라며 v. Z. 씨가 수녀의 이러한 설명에 말을 보탰다. "중국인들이 기독교인들의 선행을 오직 배은망덕으로만 갚는다는 사실을 말입니다. 이 비기독교도인들은 쫓겨나거나 버려진 아이들이 자선심에서 받아들여진다는 생각을 하지 못한답니다. 그래서 기독교인들의 이러한 행동 뒤에 최고로 추한 의도들이 숨어 있다고 여기지요. 중국인들은 여아들의 눈을 뽑아 그것으로 사진기를 만들기 위해서 그 아이들을 받아 준다고 생각하고, 기독교 병원에 관해서는 여아들의 뼈로부터 귀한 의약품을 만들기 위해서 그곳 환자들을 죽인다고 말합니다. 그러한 미신 때문에 중국에서는 이미 수차례 폭동과 기독교 박해가 있었습니다." "그럼에도 불구하고 저희들은 멈추지 않습니다."라고 신앙심 깊은 수녀가 말했다. "저희가 이곳에서 씩씩하고 명랑한 사람으로 길러 내는 중국 아이들 한 명 한 명이 저희에게는 모든 배은망덕함을 상쇄시키는 보상입니다. 저희는 기꺼이 이곳에 있습니다. 남쪽의 온갖 멋있는 풍광에 둘러싸인 채 재잘대는 우리 원생들과 함께 이곳 정원에 앉아 있으면, 저희는 곧잘 낙원에 있는 듯이 느끼게 되지요." 이제 우리는 이끌린 듯이 정원에 서게 되었고, 재차 이 땅의 장엄한 아름다움에 놀랐다. 위쪽에는 육지의 산들이 푸르면서도 붉게 작열하고 있었고, 아래에는 흰 돛단배들이 떠 있는 바다가 짙은 청색으로 반짝이고 있었다. 위로는 하늘에 흰 구름이 빛나고 있었고, 우리 앞에는 궁궐들의 도시가 화려하게 성장하고 있었다. 우리 주변에는 도처에 열대 식물들이 장관을 이루며 무성히 자라고 있었다. 고아원을 떠나올 때 마치 낙원의 일부를 보았던 것 같은 느낌이 들었다.

하지만 이제 계속 길을 가는 동안에도 아름다운 풍경은 끊이지 않았다. 우리는 가마를 타고 야자수 정원을 통과해 갔다. 그곳에는 아름

다운 녹색 종려나무 잎들이 전나무처럼 하늘을 찌를 듯이 높이 솟아
있었다. 우리 양옆으로는 다른 종류의 식물들이 마치 화환처럼 부채
꼴 잎들을 쫙 펼치고 있거나, 가리려는 듯이 붉은색과 흰색의 연꽃들
이 떠 있는 작은 연못 위로 뻗어 있었다. 다음 순간 우리는 갑작스레
케이블카 앞에 오게 되었고, 가마를 기꺼이 케이블카와 맞바꾸었다.
정원들이 사라지고 양옆으로 야생의 대나무 숲과 월계수 덤불, 작은
소나무들이 우리 이웃이 될 때까지, 케이블카 줄은 우리를 점점 더
높이 위로 데리고 올라갔다. 반대로 아래쪽 도시는 점점 더 줄어들었
고, 항구 쪽 수면은 점점 작아져서 수면 위의 대서양횡단 대형선박이
작은 점들에 불과해 보였다. 줄이 한 번 더 당겨지고 우리는 영국인
들이 **피크**(Victoria Peak)라고 부르는 산꼭대기에 도착했다. 이제는 내
가 오로지 리기(Rigi)산[67]의 꼭대기하고 견줄 만한 아름다운 전망이
넓게 펼쳐졌다. 바다 한쪽에 엷은 안개에 싸인 아름다운 회녹색 바다
를 배경으로 사랑스러운 섬 무리들이 있었다. 반면 다른 쪽 항구 너
머 육지에는 신도시들과 마을들, 산악지대로 밀고 들어간 여러 형태
의 수많은 만들과 함께 산들이 솟아 있었다. 게다가 이 위쪽은 공기
가 서늘하고 신선해서 아래쪽에서 더위를 겪은 우리에게 두 배로 좋
게 작용했다. 우리는 영국 군인들이 경기 혹은 훈련을 하고 있는 병
영들과 별장들 사이에 나 있는 좁은 포장 도로 위를 걸었다. 마침내
잠시 쉬었다 가려고 아마도 가장 멀리까지 전망을 보여 줄 법한 벤치
위에 앉았다.

---

67) 스위스 중부에 위치한 아름다운 산이다. '산들의 여왕'으로 불린다.

홍콩: 산비탈의 집들

"이곳에서는 정말로 영국인들에 대한 존경심을 갖게 돼요." 러시아 인이 거의 열에 들뜬 목소리로 외치며 우리 발아래의 동화 같은 세계를 내려다보았다. "왜냐하면 영국인들이 반세기만에 황야로부터 이 모든 자연과 기술의 기적을 일궈 냈거든요." "황야로부터요?" 팔케양이 놀라서 반문하자 v. Z. 씨가 설명했다. "물론이죠. 영국인들이 1841년 이 섬을 인수했을 때, 이곳은 몇몇 어부들과 해적들만 은신하던 풀 한 포기 나지 않는 헐벗은 화강암 절벽이었어요. 영국인들이 무던히 노력해 불타버린 땅에 관개시설을 만들고 나무를 심었고 이곳에 창궐하던 말라리아, 페스트와 싸웠습니다. 뿐만 아니라 강력한 수비대를 두어 육지와 바다의 질서 및 치안 유지에 신경을 써서, 마침내 영리하게도 상인들이 자신들의 물건에 대해 관세를 물지 않아도 되는 자유항으로 홍콩을 만들었지요. 그 결과 지구상에서 가장 큰 무역항으로 불리게 될 정도로 도시가 커지고 성장했답니다. 이곳은 심지어 런던과 뉴욕보다 더 많은 배들, 그리고 재차 독일의 가장 큰 항구인 함부르크만큼 많은 배들이 들어오고 나가지요. 모르긴 몰라도 그것으로도 홍콩의 진짜 전성기는 아직 도래하지 않았습니다." "어째서 그런 말씀을 하시는 거죠?"라고 루이스 씨가 묻자 러시아인이 대답했다. "저쪽 육지 해안가 대형 부두와 함께 굴뚝들과 공장시설들이 보이시죠? 그곳에 섬에 더 이상 자리가 없을 때 건설한 홍콩의 신생 위성 도시인 **카우룬**(Kaulun, 九龍城)[68]이 있습니다. 오늘날 그곳에는 벌써 이곳 빅토리아보다 더 많은 공장들이 있습니다. 남중국의 대도시인 광저우와 카우룬을 연결하는 열차[69]가 비로소 개통되면 그곳이 전체 항구의 중심지가 될 것입니다." 루이스 씨가 물었다. "저쪽은 중국인들 땅 아닌가요? 그렇다면 그다지 번창해 보일 리 없을 텐데요." v. Z. 씨가 대답했다. "그렇지 않아요. 영국인들은 영리하게도 중국과 마지막 전쟁 협상을 할 때, 끝자락에 카우룬(九龍)이 자리 잡고 있는 반도 전체를 그들에게 양도하게 만들었답니다." 이제 팔케 양이 몹시 궁금해하며 "이곳에 다른 나라 식민지는 없나요?"라고 물었는데, 그 질문 속에 시샘 같은 것이 묻어 있었다. "오직 영국만."이라고 v. Z.

---

68) 카우룬(Kaulun)은 주룽(九龍)을 말한다. '주룽(九龍)'을 광둥(廣東) 방언으로 하면 'gáulùhng'이다[粵語詞典(http://kaifangcidian.com/han/yue/九龍) 참조]. 카우룬(Kaulun)은 'gáulùhng'에서 유래한 것으로 보인다. 영어 표기로도 카우룬(Kowloon)이라고 한다. 당시에는 '읍내, 도시'를 의미하는 성(城)을 붙여 보통 주룽성(九龍城)이라고 했다.

69) 지금의 '광주철로(廣九鐵路)'를 말한다. 1898년 영국은 화물과 인원을 내지 시장으로 빠르게 운송하고자 청정부(淸政府)에 광저우(廣州)에서 주룽(九龍)에 이르는 철도의 건설을 제안하였다. 1907년 영국은 철도 건설을 위해 150만 파운드의 차관을 청정부에 제공하였다. 4년 후인 1911년 정식으로 개통되어 운행을 시작하였다. 1949년 10월에 열차 운행이 중단되었으나, 1979년 4월 재개통되어 오늘날에 이르고 있다. 이 철도는 이미 100년이 넘는 역사를 가지고 있다.

씨가 대답했다. "잠깐. 하마터면 여전히 포르투갈 국기가 나부끼는 보금자리 **마카오**가 저기 산맥 뒤쪽에 있다는 사실을 잊을 뻔했군요. 마카오는 심지어 중국에서 가장 오래된 유럽 식민지입니다. 악명 높은 해적들을 물리치도록 중국인들을 도와준 대가로 1557년 포르투갈 사람들에게 양도되었지요. 예전의 마카오는 생기발랄했지만, 오늘날은 그저 졸고 있는 거리들과 작은 집들, 폐허들로 이루어져 있습니다. 심지어 오늘날도 여전히 가끔씩 출몰하는 해적들이 그곳 영국 포함들 앞에 피신하는 일까지 일어납니다. 따라서 포르투갈 사람들은 더 이상 영국인들과 경쟁하려고 하지 않습니다. 하지만 아마도―그 말과 함께 v. Z. 씨가 미소를 띤 채 나와 팔케 양을 향해 몸을 돌렸다―독일인들은 경쟁하려 들걸요. 저기 산 중턱쯤에 야자수 사이로 위풍당당한 건물이 보이시죠? 독일 클럽이랍니다. 정확히 홍콩에서의 독일 무역만큼이나 훌륭하지요. 심지어 '북독일 로이드사(North German Lloyd)'와 '함부르크―아메리카 라인(Hamburg―American Line)'70)의 증기선들이 정박해 있는 카우룬에서는 때때로 독일의 항구에 있는 것이 아닐까라는 착각이 들 때도 있어요." "그러면 혹시 저게 독일 배인가요?"라고 팔케 양이 외치며 이제 막 아래쪽 푸른 만으로 진입해 들어오며 카우룬 쪽으로 항로를 잡는 대형 증기선을 가리켰다. 내가 잔뜩 흥분해서 "그것은 로이드 선박회사의 증기선입니다."라고 확인시켜 주었다. "검은 몸체와 노란 굴뚝들 때문에 쉽게 알아볼 수 있지요. 모레 제가 타고 인도로 세계여행을 떠나려고 하는 '아이텔 프리드리

---

70) '함부르크―아메리카―라인(Hamburg―American Line)'은 1847년 독일 함부르크에서 설립된 대서양 횡단 유명 선박회사이고, '북독일 로이드사(North German Lloyd)'는 1857년에 브레멘(Bremen)에서 설립된 선박회사이다. 두 회사는 1970년 9월 1일에 하팍―로이드(Hapag―Lloyd)라는 회사로 합병되어, 세계적으로 유서 깊고 이름이 높은 독일 최대 해운회사로서 오늘날에 이르고 있다.

히 왕자'[71]호가 틀림없습니다." 이제 한가로운 관찰은 끝이 났고, 다들 우리가 이제껏 함께해 온 여행의 끝이 다가왔다는 사실만을 생각하고 있었다. v. Z. 씨는 이곳에서 중국 내륙을 거쳐 자신의 고국으로 돌아가려고 했고, 루이스 씨는 미국 소유인 필리핀을 방문하려고 했다. 무어 여사와 팔케 양은 여전히 나와 함께 싱가포르로 간 뒤 그곳에서 자바섬으로 건너가려고 한 반면에, 나는 곧장 인도로 가기를 원했다. 잠시 침묵이 흐른 뒤 무어 여사가 "맞아요. 우리는 벌써 중국의 남쪽 끝에 와 있어요. 얼마 안 가 다들 사방으로 흩어지게 될 거예요. 하지만 우리가 헤어지기 전에 중국은, 먼 훗날에도 여전히 여러분 모두가 이 진기한 나라에 대한 기억을 생생하게 간직하게 해 줄 특색 있는 걸작 하나를 더 보여 주어야만 해요." "맞아요."라고 러시아인이 외쳤다. "아래로 내려가서 선실 좌석을 예약합시다. 오늘 저녁에 하선(河船)으로 광저우로 가려고 하거든요!"

---

71) 빌헬름 아이텔 프리드리히 크리스티안 카를(Wilhelm Eitel Friedrich Christian Karl, 1883-1942)은 독일 빌헬름 2세의 둘째 아들이다.

2. 광저우(廣州)

　다음 날 아침 배 갑판 위에 모여서 주강(Pearl River, 珠江) 수면 위로 근처의 육지 쪽을 바라봤을 때, 교회의 높은 첨탑들이 우리를 환영했다. 현대식 외륜 기선들이 우리 뱃길과 엇갈려 지나갔다. 라인강의 현대식 외륜 기선들도 이렇듯 위풍당당하게 지나가지는 않을 것이다. 공장들과 학교건물들이 강둑을 차지하고 있었다. 공장들은 새로운 신식 건물인 데다가, 학교들은 장식 없는 실용적 건물이어서 서로 잘 구분이 되지 않았다. 거기에 가스탱크와 물탱크의 둥근 대형 보일러들이 어우러졌고, 한 무더기의 나무들 뒤로 멋진 유럽 주택들이 빛을 내고 있었다. 무어 여사의 예고와는 달리, 지붕들 위로 전류를 흘려보내는 불안해 보이는 전선들은 저쪽에 보이는 광저우가 최소한 절반은 유럽화된 도시일 것이라는 인상을 고스란히 주었다.

광저우: 주강

증기선이 정박지에 채 도착하기도 전에, 아시아적인 현실 앞에서 이러한 인상의 마지막 흔적마저 싹 달아나 버렸다. 우리 발치의 강은 더 이상 강이 아니라 수천 척의 작은 갈색 보트들로 이루어진 움직이는 커다란 섬 같았다. 마치 비버가 원시림의 개울들에서 댐을 건설하듯이, 특이한 설치류 동물들이 물 위에서 표류하는 대나무들로 집을 지은 것만 같았다. 왜냐하면 이 모든 보트들이 집이었기 때문이었다. 보트의 작은 공간은 심지어 개별 공간들로 더 나뉘어져 있었다. 각각의 보트의 지붕 덮인 뱃머리 쪽에는 앞방이, 조타기 끝에는 역시나 지붕이 덮인 물속 깊숙이 위치한 뒷방이 있었다. 그리고 그곳 보트 중앙에는 그 집에 사는 자들이 유일하게 똑바로 서 있을 수 있는 유일한 장소인 일종의 탁 트인 통로가 있었다. 그럼에도 불구하고 보트 집들은 임대아파트 단지처럼 사람들로 북적댔다. 그들은 각 방들로부

터 황색 얼굴을 내밀고 있었고 통로에 한 폭 간격으로 웅크리고 있었
다. 사람들은 그들이 그렇게 함으로써 매 순간 물속으로 떨어지지 않
기 위해 균형 잡는 특별한 방법을 스스로의 삶과 동작으로 체득하고
있는 것이라고 했다. 여기서는 장대로 보트를 다른 장소로 밀고 있었
고, 저쪽에서는 위험하게 가물거리는 불가에서 별로 냄새가 안 좋은
음식을 요리하고 있는가 하면, 또 다른 곳에서는 통로에 물건들을 펼
쳐 놓고 이웃보트 승객들에게 물건을 사라고 큰 소리로 외치며 호객
행위를 하고 있었다. 범람으로 인해 물에 빠지는 것을 막기 위해서
안전하게 끈으로 묶어 둔 아이들은 어른들 사이를 이리저리 기어 다
녔고, 개와 고양이들은 보트 위 가장자리를 뛰어다녔다. 나는 심지어
암탉이 병아리들과 함께 흔들리는 바닥에서 모이를 쪼아 먹고 있는
것을 보았다. 그리고 감각을 교란시키는 혼란에 청각도 포함되어야
한다는 듯이, 엄청난 소음이 이 보트에서 저 보트로 울려 퍼졌다. 보
트 두 대가 서로 충돌할 때마다, 당사자들의 자기주장으로 시끌벅적
했다. 친한 이웃과는 서로들 환한 미소로 반갑게 인사를 주고받았지
만, 우리가 탄 배처럼 수상 도시 전역을 심하게 흔들리게 하는 증기
선은 갈색의 심중으로부터 중국어로 된 지옥 같은 증오의 욕설 음악
회를 야기했다. 아이들의 고함소리와 개 짖는 소리, 날카로운 호각 소
리가 끊이지 않았다. 하지만 때때로 정화하는 듯한 카나리아의 맑은
소리가 혼잡스러운 소음 위로 울려 퍼졌다. 그리고 아침 해는 광채로
갈색 도시를 장식하며 마치 어른거리는 금과도 같이 물을 통과해 보
트의 작은 방들로 햇살을 보냈다. 그곳에서 햇살은 거기에 세워 둔
제단과 자신들의 소유 공간 중 가장 좋은 곳을 예쁘게 꾸미기 위해서
강 주민들이 사용한 알록달록한 장식들을 비추었다. 이 무슨 진기한

도시, 진기한 민족이람! 그곳은 더 이상 험준하고 한적하며 춥고 무미건조한 북중국이 아니었다. 이곳에서는 뜨거운 피가 변발한 자들의 맥박을 흐르고 있었고, 그들의 삶은 색과 소리로 가득했다. 이곳에서 그들은 자신들이 살아가는 햇살이 가득한 세계를 빼닮은 남방의 아들들이었다.

하지만 땅에서 보게 되는 도시 광저우 자체에 비하면 물 위에서 바라본 도시 광저우는 무엇이었을까 싶다. 이제 우리는 중국 안내자의 보호를 받으며 높은 광주리 의자에 앉은 채로 안전하게 광저우로 운반되었다. 나는 이제껏 한 번도 이날 아침보다 더한 대소란은 겪어 본 적이 없다. 광저우에는 대로들은 전혀 없고 1.5~2m 폭의 길들만 있어서, 양팔을 뻗으면 좌우의 집들에 손이 닿을 정도이다. 이 길들은 석판으로 덮여 있지만, 온갖 오물을 길 위에 아무렇게나 쏟아부어서 말라 있을 때가 거의 드물다. 돌에서 어떤 냄새가 위로 올라오는지는 상상할 수 있을 것이다. 그저 그 냄새가 위로 올라올 경우에 말이다! 길 위에는 열대 태양의 작열하는 햇살을 막기 위해서 대나무 혹은 아마포로 만든 지붕들이 달려 있다. 그래서 사람들은 광저우의 길 위에 있으면 뚜껑이 꼭 덮인 냄비 속에 들어가 있는 것 같다고 느낀다. 그 외에 땅에서 올라오는 냄새 또한 변질된다. 왜냐하면 수백만의 사람들로 길이 넘쳐나는데, 그들 대부분이 서둘러 무거운 짐을 들고 가느라 벗은 몸에서 땀이 흘러내리는 육체노동자들이기 때문이다. 게다가 마치 퇴비 위에 있는 것처럼 이곳을 편안하게 느끼는 닭 떼들, 검은 돼지 무리들과 고약스럽게 빤히 쳐다보는 개떼들이 오간다. 그럼에도 불구하고 우리는 이 냄새나는 좁은 길로 우리를 태워 가는 것이 싫지만은 않았다. 왜냐하면 때로 우리는 역겨운 냄새가 나는 개울들이 흐르는 발아래도, 땡볕이 뚫고 지나가려고 노란 차양지붕과 싸워 대고 가득 매운 수많은 미세먼지들로 인해 공기가 마치 안개처럼 보이는 위쪽도 쳐다보지 않았다. 우리는 목이 뻣뻣해질 때까지 우리 주위를 둘러보았고 그다음 앞쪽을 쳐다보았는데, 양방향으로 늘 새롭거나 특이하고 아름다운 볼거리들이 있었다. 우리 주위로 줄지어 서 있는 상점들은 유럽적인 의미에서 말하는 그런 상점들이 아니었다. 유리창문은 그 어디에도 없었고, 물건들은 우리 유럽의 대목시장에서처럼 완전히 공개된 채 그곳에 놓여 있었다. 다만 그것들은 아마포로 만든 작은 노점들이 아니라, 길에 면한 한쪽 벽만 없는 화려한 방들에 놓여 있었다. 거기에 예술적으로 조각된 난간이 있었고, 그 난간 턱에 부드럽게 응시하는 의기양양한 중국인들이 기댄 채 서 있었다. 그곳에는 보석, 금은세공품 및 상아조각품, 청동과 목세공품, 칠세공품 및 화려한 자수품과 같은 몹시 귀한 물건들이 진열된 판매대들이 있었다. 상점의 모든 벽은 빨간색과 금색으로 뒤덮여 있었다. 하지만 뒤쪽에는 대개 아름다운 가정용 제단이 있었다. 제단 위에는 제물이 놓여 있었고, 남국의 꽃이 빛을 발하고 있었으며 조상의 위패 앞에서는 향이 서서히 타들어 가고 있었다. 다음 순간 앞쪽을 쳐다보니, 상점들 앞에 깃발처럼 걸려 있는 긴 나무간판들이 거리를 온통 가린 듯했다. 간판들은 때로는 빨갛고 때로는 파랗고, 또 때로는 초록색이고 때로는 노란색이었는데, 늘 큼직한 한자가 쓰여 있었다. 이 딱딱한 간판들 사이로 종이 등이 우스꽝스럽게 이리저리 흔들리고 있었고, 길모퉁이에는 이곳 주민과 물건이 피해 보지 않게 지키라고 돌을 깎아 만든 우상들이 위엄 있게 웅크리고 있었다.

강변 도시, 광저우

　하지만 1.5m 폭의 길들마저도 여전히 옆 골목을 끼고 있었고, 그 골목에서는 집들이 최대 1m 간격으로 따닥따닥 붙어 있었다. 물론 이 곳에서는 우리가 탄 가마도 더 이상 지나갈 수가 없었다. 그 때문에 우리는 가마에서 내려 중국 안내원 뒤를 따라 새로운 볼거리 쪽으로 걸어갔다. 더 자세히 말하자면, 이 옆 골목에는 조금 전 상점들에서 보았던 아름다운 물건들을 만들어 내는 작업장들이 있었다. 그 때 우리는 갑자기 다 쓰러져 가는 작은 움막 앞에 서 있게 되었는데, 마치 상아로 만든 작은 보석 상자 같은 그 안에 한 중국인이 앉아 있었다. 고상한 진짜 상아가 수백 가지 형태로 그의 작업대 위에 서 있거나 놓여 있었고, 아름다운 걸작이 되어 유리진열대 밖으로 빛을 발하거나 또는 칼, 단검, 접지주걱의 형태로 벽 위에 늘어뜨린 채로 걸려 있었다. 그 중국인은 마침 신기한 재주를 선보이며 작업을 하고 있었다.

그가 상아 한 조각을 구슬 모양으로 깎았는데, 그 구슬 표면의 뾰족한 구멍을 통해서 두 번째 구슬이 보였고, 두 번째 구슬 안에는 또다시 세 번째 구슬이 들어가 있었고, 마지막으로 이 세 번째 구슬을 통해 심지어 네 번째의 아주 작은 구슬도 볼 수 있었다. 정교하게 조각한 구슬 표면에 난 구멍은, 가장 안쪽 구슬까지 도달해 그것을 다른 모든 구슬들처럼 이리저리 뒤집을 수 있기에 충분할 정도의 크기였다. 우리는 그러한 예술품을 하나 작업하는 데 수개월이 걸린다는 안내원의 말을 기꺼이 믿었다. 우리는 몇 집 더 지나서 한층 더 붕괴 위험이 있어 보이는 또 다른 움막 안에 멈춰 섰다. 여기서는 안경을 쓴 중국인이 난생 처음 보는 예술 작업을 하는 중이었다. 그 중국인 앞에 작은 대접이 하나 놓여 있었는데, 가장 아름다운 새들 중의 하나인 물총새의 청록색으로 빛나는 깃털들을 간 고운 가루들이 그 안에 들어 있었다. 이제 그는 가느다랗고 뾰족한 핀셋으로 은세공을 한 온갖 작은 장신구들에 이 가루를 묻혔다. 이러한 작업을 통해서 은 세공품들은 마치 터키석을 녹여 입혀 놓은 듯한 색과 광채를 얻었다. 작은 예술품들의 가격이 아주 비싸지는 않았기 때문에, 곧 우리는 변발을 한 그자와 각자 흥정을 했다. 우리가 대부호였더라면! 우리가 이제 막 들어선 세 번째 작업장 안은 훨씬 더 유혹적이었다. 그곳에서는 네 명의 어리고 팔팔한 소년들이 두 개의 베틀을 사용하고 있었는데, 그 베틀 위에서 최고로 멋진 문양을 넣은 비단 두 필이 완성되어 가고 있었다. 주인이 다른 완성품들을 더 가져와서, 곧 우리는 비단 속에 파묻히게 되었다. 유럽의 그 어떤 호화로운 가게도 이렇듯 다양하고 환상적인 문양을 넣은 비단들을 내놓지는 못할 것이다. 초라한 작업장을 떠나올 때 이번에도 우리는 잔뜩 무겁게 상자를 들고 있었고, 지갑은 현저히 가벼워져 있었다.

우리는 이 특별한 도시의 특이한 길들을 따라 계속해서 더 걸어갔고, 상점에 일상생활용품들도 진열되어 있는 좀 더 소박한 구역으로 오게 되었다. 그런데 이 길들 또한 흥미로웠다. 이곳에서는 좌우로 폭죽을 살 수 있었다. 화약과 마찬가지로 폭죽은 중국인들이 우리 유럽인들보다 훨씬 더 전에 발명했는데, 경사스러운 일이 있을 때 광범위하게 사용된다. 길가 상점 간판들은 때로는 비유적인 명칭을, 때로는 판매 회사명을 내걸고 있었고, 띠는 판매 상품명을 대고 있었다. 한 식료품 가게에서 나는 "달에 취했던 그 집(醉月堂)", "작은 검은 고양이 고기(小黑猫肉)"라는 이름들을 읽을 수 있었다. 한 와인 가게는 "펑위안(Feng Yuan), 음주벽을 고치다."라는 문구를 새겨 놓았다. 아편을 파는 한 노점에는 "아편중독 이곳에서 치유되다."라고 쓰여 있었다. 치슈(Tschi Schou)는 자신의 "진주처럼 귀한 가게"에서 소금 기름과 향신료, 또한 생강과 녹각, 계피를 판다. 의사들은 "행복한 자들의 사원", "피부 발진약"이라고 알린다. 첸(Tschen)과 리(Li)(동업자): "모든 종류의 약 밀랍캡슐 포장되어 있음." 팅룽(Ting Lung): "괴혈병약과 나병약." "유후(Yu Hu) 페퍼민트 오일 팜." 한 마술사가 다음과 같은 푯말을 들고 있다. "수칭(Su Tsching)이 뼈를 검사하고 골상학적인 해명을 해 줍니다." 한 도교 승려: "최고의 일인자가 행복을 빌고 누려 온 것에 대해 감사를 드립니다." 면도사: "한취(Han Tschi)가 낮에는 귀청소를 해 줍니다. 밤에도 면도합니다." 한 대리점 문구는 다음과 같다: "기쁨 공유하기. 노래하는 아이들과 음악을 돌봅니다." 또 다른 대리점 문구: "호유안(Ho Yuan): 모든 종류의 혼수품과 가구." 쿠안싱(Kuan Sing)이 "도금한 꽃과 기름우산, 야자수 잎과 기름종이로 만든 우산 팜." 서점 주인은 자신의 가게에 "겨자식물: 헌 책과 새 책 팜"
이라고 써 붙였다. 한 염색업자는 "안후오(An Huo): 한 번 또는 세 번
교환한 견직물, 면직물과 온갖 빛깔의 식물로 염색한 옷"이라고 써
놓았다. 또 다른 자는 자신의 가게를 "행복 시작: 진홍색 색소와 노란
색 사프란 색소"라고 이름 붙였다. 환전업자는 "행복의 원천"이라는
가게를 소유하고 있다. 그는 "고액과 소액 환전합니다." 관 파는 상인
"포슈(Fo Schu)가 각지에서 온 나무를 팝니다. 쓰촨(四川)의 널빤지 상
시 대기." 시계수리공 밍취(Ming Tschi)가 "벽시계와 회중시계 수리 접
수받습니다." 한 안경 장수는 고객들에게 "모두의 눈에 크리스털과
회색 혹은 푸른 연기빛 안경이라는 큰 혜택을 드립니다." "쳉취
(Tscheng Tschi)는 상하이와 아모이(Amoy)[72], 스와토우(Swatou)[73], 푸쵸
우(Fu Tschou)[74]로 가는 운송업자입니다." 테취(Te Tschi)가 탈리앙 대
나무 빗을 제작합니다." 그리고 고물장수 "테룽(Te Lung)이 모든 종류
의 헌 옷과 헌 가구를 삽니다." 다음 거리는 종이로 만든 옷과 신발,
심지어 실물 절반 크기의 집과 말뿐만 아니라 남자 인형과 여자인형
까지 파는 상점들로 꽉 차 있었다. 중국 장례행렬에서 이 물건들이
빠지면 안 되기 때문이다. 이것들은 무덤가에서 태워지게 되는데, 사
람들은 그렇게 하면 이것들이 내세로 망자를 따라가서 그곳에서 망
자에게 쓸모 있게 된다고 믿는다. 관을 파는 상점들이 줄지어 늘어선
그다음 거리는 우리에게 한층 더 죽음을 떠올리게 했다. 관 모양이

---

72) 중국 푸젠성(福建省) 아모이만(灣)의 아모이섬에 있는 항구도시이다. 중국어로는 '샤먼(夏门)'이라고 한다.
  원래 주룽장(九龍江) 하류에 위치해 '샤먼(下門)'이라고 했으나, '아래 문'이라는 뜻이 좋지 않아 같은 발
  음의 '샤(夏)'를 붙여 '샤먼(夏門)'이라고 하게 되었다고 한다. 아모이(Amoy)라는 지명은 푸젠(福建) 방언
  이다.

73) '산터우(汕頭)'를 말한다. 광둥성(廣東省)에 속해 있는 시급(市級) 행정구역이다.

74) '푸저우(福州)'를 말한다. 푸젠성(福建省)의 수도이다.

특이했는데, 크기나 형태가 굵은 나무 그루터기와 흡사해서 쉽게 부서질 것 같아 보였다. 무어 여사가 이것에 관해 자신이 알고 있는 얘기를 들려주었는데, 그것 역시 흥미로웠다. 그녀가 말했다. "중국인들은 죽은 뒤에도 영향력 있는 영혼으로 계속 살아 있다고 철석같이 믿기 때문에 죽음 앞에 딱히 특별한 두려움이 없습니다. 오히려 그들은 살아 있는 동안에 벌써 내세의 삶을 준비하기 위해서 전력을 다합니다. 그런데 그 준비에 훌륭하고 견고한 관이 포함되는 것이지요. 왜냐하면 중국인들은 관이 없으면 영혼이 불행하다고 생각하기 때문입니다. 그 때문에 자식은 부모에게, 또한 아마도 부자는 가난한 자에게 이미 살아생전에 관을 선물하는 것이 관례입니다. 그러면 그들은 선물 받은 관을 좋은 방에 세워 두고 방문자들에게 자랑스럽게 보여 주지요." "중국인들은 자신들이 선한 일을 했던, 악한 일을 했던 간에 상관없이 그들 모두가 영혼이 되어 똑같이 하늘나라로 간다고 믿나요?"라고 팔케 양이 물었다. "절대 아니죠." 러시아인이 대신 대답했다. "제가 착각하는 게 아니라면, 우리는 이제 막 여러분 모두를 소름 끼칠 정도의 정반대 내용으로 설득시킬 장소에 도달했습니다." 우리는 어느 더러운 대문 앞에 멈춰 섰다. 그 문을 통과해 걸어 들어가자, 놀랍게도 그곳은 절의 입구로 판명되었다. 그 안에서 우리는 곧장 제단과 우상들을 알아보고 우리가 절에 와 있다는 사실을 알아챘다. 이제 사람들이 죄를 지으면 다음 생에서 속죄해야 한다던 부처의 가르침이 우리들 머릿속에 떠올랐다. v. Z. 씨가 계속해서 설명했다. "심지어 부처의 제자들은 지옥이 있다고 가르쳤지요. 이 남방인들이 어떻게 제멋대로 지옥의 벌을 상상하고 있는지 여기를 한번 보십시오." 실제로 그것은 대목시장에 선 밀랍인형 전시장보다도 더 심했다. 절의 복도 양쪽으로 벽감이 있었고 각각의 벽감 안에 한 무리의 형상들이 세워져 있었는데, 그것을 보는 순간 우리는 소름이 돋았다. 이쪽에서는 죄인이 사형을 당해 큰 포물선을 그리며 피가 주변에 흩뿌려지고 있었고, 저쪽에서는 한 불행한 자가 두 개의 판자로 꼭 죄어진 채 마치 나무줄기처럼 중간부분이 톱으로 잘려지는 중이었다. 이쪽에서는 또다시 한 가엾은 자가 일종의 맷돌 아래서 죽을 때까지 갈려 피로 범벅이 된 채 누워 있었고, 저쪽에서는 죄인이 센 장작불 위에서 끓어 대는 기름 솥 안에 들어앉아 있었다. 한 저주받은 자는 문자 그대로 죽도록 맞고 있었다. 그다음 벽감은 아주 기이한 벌을 보여 주었다. 커다란 종 하나가 한 불행한 자 위에 뒤집혀져 있었는데, 그 종은 빨갛게 달아오르도록 달궈진 데다가 포물선을 그리며 움직이고 있었다! 질려서 우리는 차라리 이 **"공포의 절"**의 실제 삶이 제공하는 광경을 보기 위해 시선을 돌렸다. 그 광경들 역시 보기에 그다지 즐거운 풍경은 아니었다. 거지들이 신자들 사이 여기저기에 웅크리고 앉아 구리 동전이 떨어지기만을 기다리고 있었다. 돌팔이 의사들은 오로지 목소리만으로 갖가지 지저분한 약들을 선전하고 있었고, 그다지 신뢰감을 주지 않는 얼굴을 한 승려들은 특별한 의자에 앉아서 비싼 돈을 받고 일부 사람들에게 그들의 미래를 점쳐 주고 있었다. 우리가 한 감동적인 과정에서 관찰할 수 있었듯이, 돈이 없는 자들은 자기 스스로 직접 했다. 한 남루한 옷을 입은 여윈 중국 여인이 제단 앞으로 나아가 머리가 땅에 닿도록 세 번 절을 하고는, 한쪽은 노랗게 다른 쪽은 파랗게 물들인 작은 조각 세 개를 공중에 던졌다. 우리 여행 안내자는 우리에게 신들이 세 번까지 던질 수 있게 허락한다고 속삭였다. 그래서 한 번에 세 조각 모두 같은 색 쪽으로 떨어지면 던진 사람의 소원이 성취되고, 그렇지 못할 때에는 거부된다고 했다. 그 가난한 여인이 두 번 던져서 두 번 다 세 조각 모두 같은 색이 나오지 않자, 그녀의 표정이 아주 슬퍼졌다. 하지만 세 번째에 세 조각 모두 파란색이 나왔다. 그러자 그녀는 감사 기도를 드리고 다시 세 번 절한 뒤 행복해하며 서둘러 그곳을 떠났다.

공포의 절을 떠나며 우리 역시 안도의 한숨을 내쉬었다. 하지만 우리는 재차 좁고 먼지와 소음으로 가득한 골목들로 들어가고 싶지 않았다. 우리는 신선한 공기와 넓은 공간, 그리고 고요함이 그리웠다. 우리는 안내원에게 이 사실을 말했고, 그는 곧바로 새로운 방향으로 접어들었다. 이곳 거리들은 상대적으로 조용했고, 상점들에 재차 많은 관들이 있는 것이 눈에 띄었다. 이제 우리는 도시의 끝자락에 와 있었다. 커다란 망루가 있는 성벽75)이 우리 길에서 멀지 않은 일련의 구릉들을 따라 이어져 있었다. 하지만 구릉들과 길 사이의 땅은 중국 무덤들로 인해 내게 익숙해진 흙더미들로 뒤덮여 있었다. 우리가 지금 접어든 정원들도 이미 무덤들의 일부여야만 했다. 이 무슨 특이한 풍경이람! 남쪽 지방의 꽃들과 관목들 사이로 나지막한 긴 복도들이 이어졌는데, 그 복도들은 이 도시의 상점들과 마찬가지로 앞쪽이 완전히 트여 있는 작은 방들로 나뉘어져 있었다. 잘 꾸며져 관리 받고 있다는 인상을 주는 방들이었다. 그런데 각 방의 중앙에는 관이 서 있었다! 무어 여사가 우리에게 이 모든 것이 무엇을 의미하는지 설명해 주었다. 그녀가 말했다. "지관(地官)이 그를 위한 가장 좋은 자리를 발견하기 전까지는 결코 죽은 자를 땅에 묻어서는 안 된답니다. 그것

---

75) 지금의 '광저우성벽(廣州城牆)'을 말한다. 광저우 웨슈산(越秀山) 위에 있다.

이 이곳 남쪽 지방에서 묘지 입구에 긴 행렬의 방들을 지어 죽은 자가 들어 있는 관들을 매장 때까지 그곳에 보관하는 풍습을 만들어 냈지요. 그리고 이제 중국인은 이 죽은 자들을 살아 있는 자들보다도 더 잘 돌봅니다. 죽은 자들이 아침에 기분이 상쾌할 수 있도록 그들에게 씻을 물을 올리고, 갈증과 배고픔으로 고통받지 않게 먹을 것과 마실 것을 제공하지요. 그들이 원하는 대로 편히 지낼 수 있도록 그들 앞에 의자와 안락의자를 놓아둡니다. 그리고 물론 중국인은 꽃, 등, 향기 나는 양초, 그리고 죽은 자에게 쾌적할 거라고 승려가 그에게 일러 준 온갖 쓸모없는 물건들로 죽은 자를 에워쌉니다.

우리는 가장 높은 구릉 위에 솟아 있는 높은 망루에 도착한 뒤, 계단을 따라 가장 위층으로 올라갔다. 휘어진 다섯 개의 지붕들이 사리

광저우: 지붕 위 풍경

탑을 연상시키고 붉은색 회칠을 해서 그 건물을 **붉은 사리탑**[76]이라
고 부른다고 안내자가 우리에게 설명해 주었다. 실제로 그것은 그저
망루일 뿐이지만, 매력적인 위치 때문에 몇 년 전 망루의 꼭대기 층
을 절로 꾸몄다고 한다. 그 사이 우리는 꼭대기 층에 도착해, 정말로
제단과 몇몇 우상들로 꾸며 놓은 커다란 홀 안에 들어섰다. 그것들을
바라보느라 그리 오래 서 있지 않고, 우리는 서둘러 돌출창처럼 밖으
로 확장해 벤치들을 놓아둔 창문 벽감들 쪽으로 다가갔다. 그 때서야
우리는 비로소 오늘 아침에 누비고 다녔던 이 특별한 도시를 위쪽에
서 조망할 수 있었다. 팔케 양이 "제가 생각했던 것보다 훨씬 작네
요."라고 말하자, v. Z. 씨가 이 말에 답했다. "그런데 이 도시의 인구
수는 거의 일백만이랍니다. 그들이 얼마나 좁게 서로 붙어사는지 이
미 보셨지요. 게다가 그 중 십만 명가량이 수상 보트에서 산다는 사
실을 생각해 보세요. 이 도시의 작은 규모가 더 이상 놀랍지 않을 것
입니다." 무어 여사가 말을 이었다. "중국 사리탑이 아니라 기독교 교
회의 쌍 탑이 도시 경관을 지배하고 있다는 점이 특이하지 않나요?
중국인들이 기본적으로 타 종교인들에게 얼마나 관대한지를 보여 주
고 있지 않아요? 저는 이 땅에서의 기독교 박해가 늘 오직 이방인들
의 악행에 그 원인이 있거나 혹은 민중선동가들이 백성들이 고통받

---

76) '높은 망루', '붉은 사리탑'은 광저우(廣州)의 전하이러우(鎭海樓)를 지칭하는 것이다. 광저우시 웨슈공원
   (越秀公園)의 웨슈산(越秀山) 꼭대기에 있는 누각이다. 명나라 홍무제(洪武帝) 때인 1380년 주량조(朱亮
   祖)가 왜구의 약탈로부터 해안지방을 방어하기 위하여 황제에게 상주하여 세운 누각으로, '진해(鎭海)'라
   는 명칭에 해안을 진압한다는 뜻이 담겨 있다. 5층 규모이며, 전체 높이는 28m이다. 멀리까지 내다볼 수
   있도록 각 층마다 처마와 복도를 설치하였다. 지붕과 처마 위에는 모두 빛깔이 고운 유리기와를 얹었다.
   연해를 보호하기 위하여 건립한 취지대로 웅장하고 위엄이 있으면서도 아름답다. 1949년 중화인민공화국
   수립 이후에도 여러 차례 복구공사가 이루어졌고, 광저우시를 상징하는 건축물로 자리 잡았다. 지금은 광
   저우시 박물관의 일부가 되었고, 누각 안에는 광저우 지역의 각종 문물과 현지에서 생산된 역대 도기(陶
   器)와 자기(磁器) 등이 진열되어 있다. 사진에서 보듯이 망루 외벽이 붉은색 돌로 만들어져 있고, 그래서
   '붉은 사리탑'이라고 한 것이다.

는 악행을 기독교인들에게 책임 전가한 데에서 기인한다고 생각해요." "그럴 수도 있겠네요."라고 러시아인이 대꾸했다. "하지만 초기에 이 탑들은 중국인들에게 그들의 허영심을 자극하는 그 어떤 자극제 같은 것이었습니다. 하지만 이후 중국인들은 그 문제를 아주 간단히 정리했지요. 즉 광저우의 문장(紋章) 동물이 숫양인데, 이제 중국인들은 교회의 쌍 탑이 숫양의 뿔을 의미한다고 설명했답니다. 그것으로 중국인들의 예민함도 진정되었지요." 러시아인이 물었다. "저쪽의 또 다른 각진 탑들은 도대체 뭐지요? 꼭 우리 유럽의 마천루처럼 생겼네요." 무어 여사가 웃으면서 대꾸했다. "그것은 전당포랍니다. 화재와 도둑으로부터 안전하게 지키기 위해 탑 모양으로 지어졌지요. 중국인들은 전당포를 돈이 궁할 때뿐만이 아니라 여행을 떠날 때 자신들의 소지품을 보관하기 위해서도 이용합니다." 팔케 양이 "하지만 저는 저 아래 있는 탑들 중에서 사리탑이 가장 좋네요."라고 했고, 우리 모두 이구동성으로 그녀의 말에 동의했다. 가까이 있는 사리탑을 가리키며 무어 여사가 "그것들 중에서도 가장 아름다운 사리탑이 이 앞에 있어요."라고 말했다. 그 탑은 장식들이 풍성하게 조각되어 있었고 색이 빛을 발했다. "이것은 **꽃 사리탑**이자 또한 중국에서 가장 오래된 사리탑들 중의 하나입니다. 이미 537년에 지어지기 시작했다네요.[77] 이 사리탑은 이제 낡고 붕괴 위험이 있어서 올라갈 수가 없

---

77) 광저우에서 537년에 사리탑이 지어진 사찰은 지금의 류롱쓰(六榕寺)이고, 여행기에서 말한 '꽃 사리탑'은 류롱쓰(六榕寺)에 있는 일명 '화탑(花塔)'을 말한다. 류롱쓰(六榕寺)는 현재 광저우시 류롱로(六榕路)에 위치해 있다. 남조(南朝) 유송(劉宋) 연간(420~479)에 세워졌는데, 처음에는 보광엄사(寶庄嚴寺)라고 하였고 이후에는 '정혜사(淨慧寺)'라고 불렀다. 1100년 소식(蘇軾)이 이곳에 와 6그루의 용(榕)나무 고목을 보고 '육용(六榕)'이라는 두 글자를 썼는데, 이것이 발단이 되어 훗날 '육용사(六榕寺)'라 부르게 되었다고 한다. 537년 담유법사(曇裕法師)가 사리탑(舍利塔)을 세웠다. 탑 안에 현겁천불상(賢劫千佛像)을 모셔 천불탑(千佛塔)이라고 했다. 이후 탑신에 얼룩 반점 같은 것이 생겨 그 모양을 보고 꽃탑(花塔)이라고 부르기 시작했다. 근자에 들어 거액을 모금해 화탑을 대대적으로 수리했다고 한다.

답니다. 오늘날 중국의 상황에 비추어볼 때 이 사리탑의 붕괴도 그리 멀지 않았을 것 같군요."

러시아인이 숙고하듯이 말했다. "옛 과거의 중국은 죽어가고 있어요. 온 나라에서 그것을 목격할 수 있지요. 추운 북쪽의 묵덴(沈陽)에서도, 더운 남쪽의 광저우에서도. 황실조차도 낡고 썩어 매순간 붕괴될 지경입니다. 그러면 폐허로부터 무언가 새로운 것이 잉태될까요? 아니면 영국이 인도 정권을 떠맡았던 것처럼 백인들이 중국을 집권하게 될까요?" "확실히 새롭고 더 나은 그 무엇이 옛 것으로부터 생겨나게 될 거예요."라고 무어 여사가 활기차게 외쳤다. "왜냐하면 중국 민족은 부지런하고 유능해서, 그들이 기생충이라고 부르는 정권, 민족을 희생시켜서 부유해지는 것 이외의 다른 일은 하지도 않는 정권에서 벗어나자마자 또다시 질서와 규율, 권력과 권세를 얻기 위해서 힘쓸 테니까요." 확신에 가득 차서 내가 덧붙여 말했다. "저 아래 보이는 이 놀라운 벌통, 광저우를 본 이래로 저도 그렇게 믿어요."

*

이것으로 우리의 중국 여행은 끝이 났다. 러시아인은 여기서 내륙을 거쳐 페테르부르크로 돌아갔고, 루이스 씨는 광저우에 있는 미국 영사관에서 며칠 더 머물렀다. 나를 포함한 나머지 사람들은 당일 저녁에 홍콩으로 돌아간 뒤, 다음 날 아침 그곳에서 로이드 기선회사의 증기선 "아이텔 프리드리히 왕자"호에 승선했다. 그 배는 새로운 진기한 민족들이 사는 새로운 해안으로 우리를 싣고 가야 했다.

저자의 주석

*) 라마교와 달라이 라마, 타시 라마에 관해서는 스벤 헤딘(Sven Hedin)이 녹색문고 8권 『트랜스히말라야(*Über den Transhimalaja*)』에서 상세히 설명하고 있다.

**) 이 장과 다음 두 장들의 출처는 동일 작가의 저서 『세계일주(*Eine Fahrt um die Welt*)』(베를린, 알프레트 샬(Alfred Schall) 출판사)이다.

역주자 후기

여행기에 나타난 식민주의 인식

박경석(인천대 HK교수)

여행은 일종의 만남이다. 타자의 눈과 생소한 현실이 만난다. 여행은 자기 지역의 경계를 넘어 외부세계를 보는 것이고 여행기는 그 과정에 대한 기록이다. 여행은 일종의 '시공(時空)이 지나가는 길'이다. 여행 중에 시간과 공간은 복잡한 의미를 갖는다. 여행기에서 시간 위도는 역사 영역을 깊이 파고들고, 여행가 자신의 전통 시간 영역과 도착한 곳의 현재 시간 영역의 엉킴을 만들어 낸다. 공간의 전이는 지리적 의미의 급변일 뿐만 아니라 삶이 처한 환경의 거대한 대비를 가져온다. 자기가 소속한 사회 문화와 도착한 곳의 사회 문화 사이의 복잡한 비교 참조는 필연적으로 자기가 속한 문화에 대한 깊은 이해와 심각한 반추를 초래한다. 시공의 전이와 변화는 지극히 쉽게 자아와 타자를 대비하는 환상을 초래한다.

여행은 일상적으로 거주하는 지역을 벗어나는 경계 넘기를 반드시 수반한다. 그리고 그 경계의 건너편에는 타지와 타자가 있다. 이주하면 언젠가 '타지'의 정체성을 공유하게 되지만, 여행은 귀환이 전제되어 있기 때문에 시종일관 '타지'와 '타자'가 존재한다. 따라서 타자를 목적어로 해서 기록한 여행기에는 공간 이동을 매개로 형성된 인식의 차이가 내포되어 있고, 여행기는 이런 타자인식을 조명하는 데에 유용하다. 이런 유용성은 에드워드 사이드의 '오리엔탈리즘'에 대한 연구가 발표되면서 여행기가 서양인들의 인식론과 담론의 왜곡된 형태를 적나라하게 드러내는 가장 전형적인 텍스트로 인식되었던 데에서도 드러난다.[1]

사이드에 의하면, 서양인들은 동양을 '타자'로 설정하고 그들로부터 '거리두기'를 함으로써 동양에 대한 서양의 우월적이고 식민주의적인 담론을 형성하였다. 이런 '타자 만들기'는 서양이 자신의 행위를 보편적 규범으로 간주하고 스스로를 우월한 인종으로 확인하기 위해 필요했던 과정이었다. 이렇게 만들어진 동양에 대한 이미지는 동양인 자체보다는 관찰자의 인식과 시선에 대해 더 많은 것을 드러내 준다. 사이드의 이런 지적 이후, 서양인이 비서구 세계에 대해 쓴 여행기는 식민주의적 기획의 일부로 조망되었고, 문화적, 인종적 우월감의 확신에 기초한 식민주의 담론으로 읽히게 되었다.[2]

18세기 이래 서양인이 쓴 여행기에서 드러나는 식민주의 담론은 몇 가지 특성을 갖는다. 첫째, 끊임없이 진보하는 서양에 대비하여 동양은 정체된, 혹은 퇴락한 사회로 표상한다. 동양은 생명력이나 역동성이 없는, 단조롭고 변하지 않는 시간대에 속하는 것으로 표현된다. 동양은 서양에 비해 낙후되어 있고, 항상 서양의 '중세'로 귀속된다. 따라서 서양이 동양을 지배하는 것은 동양을 '낙후'에서 구원하는 좋은 일이 된다. 둘째, 동양 나아가 비서구 세계 전체를 하나로 뭉뚱그려 파악한다. 서양인에 의해 설정된 동양은 비인격적이며, 개인적 세부사항들이 생략되고, 그저 구분되지 않는 집단, 덩어리로 묘사되고 만다. 비서구인들은 '그들'로 지칭되며 개성을 가진 인격체가 아니라,

---

1) 박지향, 「여행기에 나타난 식민주의 담론의 남성성과 여성성」, 『영국 연구』 4, 2000, 145쪽.
2) 박지향, 「여행기에 나타난 식민주의 담론의 남성성과 여성성」, 145~146쪽.

—‘머리와 코와 입술은 어떻다’는 식의—어떤 ‘생김새의 집합’으로 인식된다. 따라서 여행기에는 여행지에서 만나는 사람들과의 상호 작용 대신에 풍경에 대한 묘사가 많다. 셋째, 청결, 매너, 세련됨 등 서양 습관의 잣대로 비서구 세계의 야만성을 판단한다. 동양식의 예절과 풍습은 우스꽝스러운 것으로 서술되고, 사람과 땅이 모두 냄새나고 불결하기 짝이 없다.[3]

이 여행기는 ‘율리우스 디트마’라는 독일인 여행가가 1910년대 중국을 여행하고, 여행에서의 감상과 중국에 대한 인상을 기록한 여행기이다. 여행에는 주인공 이외에 4명의 유럽인이 동행하였다. 시카고 출신의 루이스 씨, 런던 출신의 무어 여사, 슈투트가르트 출신의 팔케 양과 러시아 스파이 v. Z 씨가 그들이다. 주인공의 여행 기록뿐만 아니라 이들의 대화 속에서도 이들 유럽인의 중국에 대한 인식이 잘 드러난다. 이 여행기에 보이는 유럽인 여행자의 인식은 기본적으로 위에서 언급한 식민주의 담론과 맥락을 같이한다.

여행자의 식민주의적 인식이 가장 극명하게 드러나는 부분은 당시 독일의 조차지였던 칭다오(靑島) 일대를 여행할 때이다. 여행기 저자가 동행자들과 헤어져 굳이 홀로 칭다오 일대를 여행한 것은 저자도 밝혔듯이 칭다오가 독일의 조차지(식민지)였기 때문이다. 칭다오에서 여행자는 제국주의 독일의 ‘영광’을 보았고, 강한 애착을 느꼈다.

> (칭다오 신시가지를) 보는 순간 아주 기이하게도 마음에 와 닿았다. 그것은 우연히 만들어진 거주지도, 국제적인 건축물들의 혼잡스러움도 아니었다. 그것은 힘과 특색을 표현하기 위해서 이 도시를 세

---

3) 박지향, 「여행기에 나타난 식민주의 담론의 남성성과 여성성」, 147~148쪽.

운 한 **거대 민족의 위풍당당한 정착지**였다.
우리 **독일 민족정신의 보물**을 보고자 하는 사람은 이제 칭다오로
가야 한다!
모든 독일식 이름과 얼굴들 때문에 마치 **고향에** 온 듯이 느껴져서,
나는 인력거에서 내려 중국인 인력거꾼에게 빈 인력거만 끌고 가
라고 한 뒤 천천히 **내 고향**도시의 이 거리 저 거리를 거닐었다.

서술에서 칭다오 식민지를 건설한 것에 대한 민족적, 국가적 자긍
심이 확연하게 드러난다. 제국주의 독일의 입장에서 식민지 건설은
지극히 자랑스러운 일이었고, 자신의 팽창은 선함의 확장이었다. 식
민지는 중국인들에게 새로운 문명을 교육하는 장소였다. 그래서 서양
인이 건설한 식민지 칭다오나 상하이는 청결하고, 쾌적하고, 튼튼하
고, 큼직했으나, 그 밖에 있는 중국인의 거주지는 더럽고, 냄새나고,
시끄럽고, 너저분한 곳이었다.

중국인 도시는 유럽적인 도시 너머 외곽에 있었다. 더럽고 불쾌한
냄새가 나서, 나는 몇 발자국 외에는 더 이상 그곳으로 들어갈 수
가 없었다.

여행자들이 보기에 영광스러웠던 예전의 중국은 죽었고, 이제 비
참함으로 가득 찬 곳이 되었다. 중국은 정체되어 있고, 낙후되어 있
다. 여행기에는 여행지에서 만나는 사람들과의 교감은 없고, 풍물에
대한 묘사는 많다. 사람과 땅 자체에 대한 관심은 적고, 시선이 날아
가 닿는 '타자'만이 존재한다. 여행기 속의 '그들'은 원래의 그들이
아니라, 여행자들이 알고 있었던 '그들', 보고자 했던 '그들'이었을 뿐
이었다. '중국 여행기' 안에 '중국'과 '중국인'은 없었다.
'중국인들이 기독교인의 선행을 배은망덕으로 갚는다,' 또는 '미신

때문에 수차례 폭동과 기독교 박해가 발생했다’는 인식도 서양인 여행자의 자기중심적인 인식을 보여 준다. 사실 여행기 전반에서 자신의 제국주의 침략이 ‘문명’을 전파하는 선행이라는 인식이 적나라하게 드러난다. 그러나 제국주의 침략이 ‘근대’라는 소용돌이 속에서 ‘식민지’ 여러 나라가 마땅히 가져야 할 자신의 미래에 대한 자기 결정권을 박탈했다는 점에서, 제국주의 침략은 명백히 인류 역사의 오점이라고 할 수 있다. 뿐만 아니라 중국근대사에서 격렬하게 나타난 반기독교운동은 제국주의와 중국 사이의 모순이 끊임없이 격화된 산물이며, 중국 인민이 외세의 침략에 정당하게 저항한 반제국주의 투쟁의 주요한 구성 부분이었음이 대체로 인정된다.[4] 또한, 명·청대(明淸代) 이래로 ‘복음’을 전하기 위해 중국에 온 기독교인들은 대체로 중국의 기층문화에 접목되지 못하였고, 근대 이후에는 제국주의와 결탁해 권력을 지향했다는 점에서 중국 내에 뿌리 깊은 ‘반기독교’ 정서와 반기독교운동에 근거를 제공했다고 볼 수 있다. 이렇게 볼 때, 중국인의 ‘기독교 박해’에 대한 인식은 매우 자기중심적이었고, 이런 인식은 여행기의 저류에 깔려 있다.

여행기 전반에 식민주의적 시각이 관철되면서 중국과 중국인을 얕잡아 보는 경향이 있으나, 여행자들이 중국에 대해 무지했던 것은 결코 아니었다. 특히 여행기에 등장하는 무어여사는 나름 중국에 대한 깊은 이해와 인식을 보여 준다. 예컨대, 베이징의 천단(天壇)을 둘러보면서 중국의 천명사상이나 천자(天子)로서의 황제가 갖고 있는 지위에 대해 설명하는 부분은 꽤 높은 이해 수준을 보여 준다. 또한, 만리

---

4) 김배철, 「教案」과 義和團」, 『講座中國史 Ⅵ』, 지식산업사, 1989, 82쪽 참조.

장성에 대한 무어 여사의 설명은 장성에 대한 당시 서양인의 과대평가와 달리 현실을 직시하고 있다. 아이러니하게도 '위대한 성벽(The Great Wall)'이라는 장성에 대한 인식은 서양인들이 '만리장성'에 무분별하게 열광하면서 조성되었던 것인데(역주 17번 참조), 무어 여사의 설명은 오히려 객관적이고 담담하다. 이처럼 중국에 대한 깊은 지식을 보여 주는 무어 여사는 여행기에서 밝히고 있듯이 오래전부터 여러 차례 중국을 방문했고, 여행기 곳곳에서 '중국 전문가'로서의 면모를 유감없이 발휘하고 있다. 주지하듯이, 서구는 16세기 이래 중국에 대한 지식을 꽤 오랫동안 꽤 많이 축적해 왔고, 18세기에 이르러 '중국에 대한 이해' 수준이 나름대로는 동아시아 국가와 비견되었다.5) 이런 사실을 생각해 보면 무어 여사의 중국 이해 수준을 납득하기 어렵지 않다.

이상에서 "역주자 후기"를 빌려 여행기에 드러나는 근대 서양인의 자기중심적, 식민주의적 인식에 대해 간략히 살펴보았다. 새삼 나와 다른 사람들을 이해하는 일이 얼마나 어려운 일인지를 생각해 보게 된다. 역사나 오늘날의 현실에서 타자에 대한 자기중심적 인식이 가져온 상호 불신과 불행을 보게 된다. 왜곡된 '타자의 시선'이 우리에게는 없는지 새삼 돌아보게도 된다. 다양하게 존재하는 '타자'를 인식할 때 얼마나 신중해야 하고, 또 '진정성'을 가져야 하는지를 생각하게 된다.

---

5) 이에 대한 수많은 연구 성과가 있으나 우선은 차태근, 「16세기 서구의 중국 및 그 문화 서술」, 『中國文化硏究』 第4輯, 2004. 참조.

목승숙

독일 본 대학교, 베를린 훔볼트 대학교 수학
이화여자대학교 독문학 박사
Duke 대학교 객원연구원
현) 인천대학교 HK연구교수

「문화사적 관점에서 본 이국주의」
「'이카로스 시대'의 아포칼립스」
「카프카의 자연성에 대한 노스텔지아」
「중국의 성벽 건설 관행과 호모 노마드의 재구성－카프카의 『만리장성의 축조 때』」
외 다수

박경석

연세대학교 사학과 졸업
동 대학교 대학원 사학과 석·박사
동북아역사재단 연구위원 역임
현) 인천대학교 HK교수

『동남아 여행 글쓰기와 포스트식민주의 비평』(공저)
『동아시아 역사 속의 여행 1, 2』(공저)
「20세기 전반 중국의 혼인문제를 둘러싼 법과 현실」
「동남아를 보는 중국의 '식민주의적' 시각: 1920~30년대 여행기를 통해 본 중국인의
'南洋' 인식」
「근대 중국인의 해외여행과 내셔널리즘, 그리고 타자인식」
외 다수

새로운 중국에서
20세기 초 독일인 여행자가 본 중국

초 판 인 쇄 | 2012년 5월 15일
초 판 발 행 | 2012년 5월 15일

저　　　자 | 율리우스 디트마
역　　　자 | 목승숙
역 주 자 | 박경석
펴 낸 이 | 채종준
펴 낸 곳 | 한국학술정보㈜
주　　　소 | 경기도 파주시 문발동 파주출판문화정보산업단지 513-5
전　　　화 | 031) 908-3181(대표)
팩　　　스 | 031) 908-3189
홈 페 이 지 | http://ebook.kstudy.com
E-mail | 출판사업부　publish@kstudy.com
등　　　록 | 제일산-115호(2000. 6. 19)

ISBN　　978-89-268-3389-6 93080 (Paper Book)
　　　　978-89-268-3390-2 95080 (e-Book)

이 책은 한국학술정보㈜와 저작자의 지적 재산으로서 무단 전재와 복제를 금합니다.
책에 대한 더 나은 생각, 끊임없는 고민, 독자를 생각하는 마음으로 보다 좋은 책을 만들어갑니다.